Handball Praxis Mini 2 – Koordinatives Training in
Spielformen und Bewegungslandschaften
30 Spielformen und 5 komplette Bewegungslandschaften

handball-uebungen.de
Trainingseinheiten und Übungen für Ihr Training!

Vorwort

Mini- bzw. Kinderhandball unterscheidet sich grundlegend vom Training höherer Altersklassen. Bei diesem ersten Kontakt mit der Sportart „Handball", sollen die Kinder an den Umgang mit dem Ball herangeführt werden.

Die Kinder im Alter zwischen 5 und 9 Jahren befinden sich im besten motorischen Lernalter, können Bewegungen und Bewegungsmuster besonders leicht erlernen. Deshalb sollen die Spiele und Bewegungslandschaften in diesem Buch viele Möglichkeiten bieten, Bewegungserfahrungen zu sammeln, nicht nur handballspezifisch, sondern sportartübergreifend. Dabei steht in vielfältigen Spielformen die Spielfreude im Vordergrund. Die Kinder lernen, sich an Spielregeln zu halten und sich Gegnern gegenüber fair zu verhalten. Ebenso wird der Gedanke des Miteinanders im Team gefördert.

Ein besonderes Merkmal in den vorliegenden Übungen liegt in der Förderung der allgemeinen koordinativen Fähigkeiten. So sind Rhythmusgefühl und Gleichgewicht ebenso gefordert wie die Reaktion auf äußere Einflüsse, die Orientierung im Raum und die Anpassung an unterschiedliche Gegebenheiten und Spielgeräte (Differenzierung).

Wichtig: Es ist stets darauf zu achten, dass die Kinder die im Buch beschriebenen Übungen angeleitet absolvieren.

I0220738

Impressum
1. Auflage (17.10.2016)
Verlag: DV Concept
Autoren, Design und Layout: Jörg Madinger, Elke Lackner
ISBN: 978-3-95641-170-0

Diese Publikation ist im Katalog der **Deutschen Nationalbibliothek** gelistet, bibliografische Daten können unter http://dnb.de aufgerufen werden.

Handball Praxis Mini 2 – Koordinatives Training in
Spielformen und Bewegungslandschaften
30 Spielformen und 5 komplette Bewegungslandschaften

handball-uebungen.de
Trainingseinheiten und Übungen für Ihr Training!

Inhalt:

Handball Praxis Mini 2 – Koordinatives Training in
Spielformen und Bewegungslandschaften
30 Spielformen und 5 komplette Bewegungslandschaften

handball-uebungen.de
Trainingseinheiten und Übungen für Ihr Training!

Nr.	Name	Anzahl	Schwierigkeit	Seite
Kategorie: Bewegungslandschaften				
B1	Bälle rollen und passen im Kontinuum	8	⭐	38
B2	Bewegungsparcours ohne Ball	6	⭐	40
B3	Balancieren mit Geräten	6	⭐⭐	42
B4	Balancieren mit Ball	6	⭐⭐⭐	44
B5	Klettern, Kraft und Springen	6	⭐⭐⭐	46

Anmerkung des Autors

Weitere Fachbücher des Verlags DV Concept für die jungen Handballer

Weitere Fachbücher des Verlags DV Concept auch für ältere Handballer

Notizen:

_____

_____

_____

_____

_____

_____

_____

_____

Handball Praxis Mini 2 – Koordinatives Training in
Spielformen und Bewegungslandschaften
30 Spielformen und 5 komplette Bewegungslandschaften

handball-uebungen.de
Trainingseinheiten und Übungen für Ihr Training!

Legende:

Übungsnummer   Übungsname   Min. Spieleranzahl

Nr. 14	**Balltransport im Team**	12	⭐
Benötigt:	4 umgedrehte kleine Turnkisten, je Team 3-5 unterschiedliche Bälle, 24 Hütchen oder 12 Turnreifen		

✕ Hütchen

Schwierigkeitsgrad
Einfach (ab 5 Jahre): ⭐
Mittel (ab 6 Jahre): ⭐⭐
Schwer (ab 7 Jahre): ⭐⭐⭐

Ballkiste

dünne Turnmatte

großer Turnkasten / kleine Turnkiste

kleine umgedrehte Turnkiste

Turnreifen

Turnbank

Bauklötze

Medizinball / Luftballon / Tennisball

Fahnenstange

Barren

Geschirrtücher

Pommes (Schaumstoffbalken)

Weichbodenmatte

Kategorie: Spielerisches Aufwärmen

Nr. 1	Aufwärmen mit Reifen	8	★
Trainingsinhalte:	Orientierung, Reaktion		
Benötigt:	Reifen in verschiedenen Farben		

Aufbau:
- Reifen in verschiedenen Farben auslegen.

Ablauf:
- Die Spieler bewegen sich frei im Feld (A) und führen verschiedene Laufvarianten durch (immer ein Spieler oder der Trainer gibt in jeder Runde die Laufbewegungen vor):
  - Vorwärts-, rückwärts, seitwärts Laufen mit / ohne Armkreisen.
  - Hopserlauf, usw.
- Auf Pfiff des Trainers sprintet jeder Spieler in einen Reifen (B).
- Danach nennt der Trainer eine Reifenfarbe (z. Bsp. „ROT").
- Die Spieler, die in der entsprechenden Reifenfarbe stehen, machen sofort eine kleine Zusatzaufgabe (Umlaufen des eigenen Reifens / Laufen in einen anderen Reifen der gleichen Farbe).
- Dann starten alle Spieler wieder mit dem Laufen im Feld, ein anderer Spieler (oder der Trainer) gibt die Laufbewegungen vor, bis zum nächsten Pfiff.

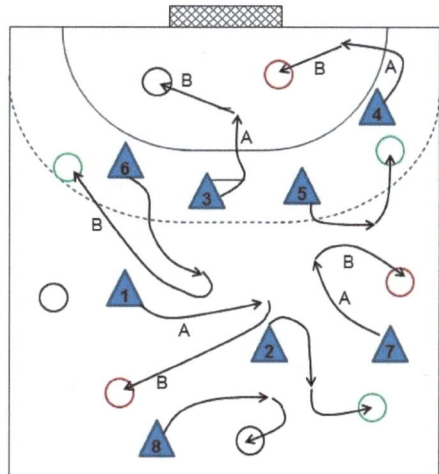

Variante:
- Die Spieler prellen einen Ball und führen dabei verschiedene Laufbewegungen mit Ball durch.

Handball Praxis Mini 2 – Koordinatives Training in
Spielformen und Bewegungslandschaften
30 Spielformen und 5 komplette Bewegungslandschaften

handball-uebungen.de
Trainingseinheiten und Übungen für Ihr Training!

Nr. 2	Laufen auf Kommando	8	⭐
Trainingsinhalte	Orientierung, Reaktion		
Benötigt:	Pro Kind ein Reifen, pro 4er (oder 3er) Gruppe je zwei Hütchen		

Aufbau:

- Gruppen mit je vier Spielern bilden, pro Gruppe vier Reifen auslegen.
- In jeden Reifen setzt sich ein Spieler der Gruppe.
- Pro Gruppe zwei Hütchen in einiger Entfernung wie im Bild aufstellen.

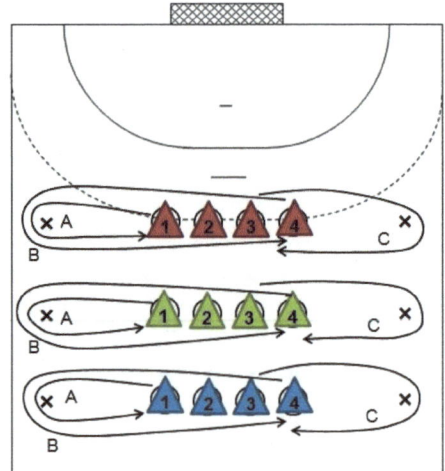

Ablauf:

- Den in den Reifen sitzenden Spielern werden jeweils eine Person und eine Farbe zugeordnet (z. Bsp. Vater, grün / Mutter, rot / Stefan, gelb / Jasmin, blau).
- Dann wird eine Geschichte erzählt (Beispiel siehe unten).
- Immer dann, wenn die Person in der Geschichte genannt wird, die dem Spieler zugeordnet ist, muss der Spieler um das linke Hütchen laufen (A und B).
- Wird die entsprechende Farbe genannt, laufen die zugeordneten Spieler um die rechten Hütchen (C).
- Es laufen immer alle Spieler gleichzeitig, deren entsprechende Person, bzw. Farbe genannt wird.

Beispielgeschichte:

- Vater hat bei der Arbeit einen Tag frei bekommen. Da auch Stefan und Jasmin schulfrei haben, plant die Familie einen Besuch im Zoo.
- Die Familie steigt in ihren roten Kleinwagen, holt schnell noch Mutter von ihrer Arbeit beim Supermarkt ab und fährt unter blauem Himmel hinaus ins Grüne.
- Schnell kauft Vater die Eintrittskarten und schon kann es losgehen.
- Stefan und Jasmin sind besonders interessiert an den Affen, während Mutter sich zunächst die gelben Kanarienvögel anschaut.
- Zusammen gehen alle weiter zu den Robben. Hier ist gerade Fütterungszeit und Jasmin freut sich über die vielen Kunststücke, die das Männchen mit dem roten Ball vorführt.

Handball Praxis Mini 2 – Koordinatives Training in
Spielformen und Bewegungslandschaften
30 Spielformen und 5 komplette Bewegungslandschaften

handball-uebungen.de
Trainingseinheiten und Übungen für Ihr Training!

- Aber Vorsicht, da landet der Ball im gelbem Eimer mit den vielen Fischen.
- Der Eimer kippt um und alle Fische fallen ins Wasser. Die Robben sind schnell im Becken. Die Zuschauer sind begeistert, Stefan nicht so sehr, da viel Wasser auf seine Jacke spritzt und grüne Flecken hinterlässt…

Varianten:
- Die Zuordnung von Personen und Farben ist nicht für alle Reifen gleich, sondern wird beliebig festgelegt (es müssen dennoch alle Personen und Farben jeweils genau einmal vertreten sein). Dadurch wird die Übung unübersichtlicher und die Spieler können sich nicht an ihren Reifennachbarn orientieren.

Nr. 3	Eine Geschichte nachspielen	6	⭐
Trainingsinhalte	Kreativität, vielfältige Bewegungen		
Benötigt:	Vorbereitete Geschichte		

Ablauf:
- Der Trainer erzählt eine Geschichte, die Spieler sollen die entsprechenden Bewegungen durchführen (eventuell können die Bewegungen vorher einmal vorgemacht werden).
- Die Kinder starten auf dem Rücken liegend.

Beispielgeschichte:
- Der Wecker klingelt. „Hilfe - Ich komme zu spät zur Schule!"- Schnell aufstehen und rein ins Bad.
- Ich wasche mir das Gesicht und putze meine Zähne. Dann ziehe ich mich an.
- So schnell ich kann, laufe ich die Treppe herunter und packe meine Schultasche. Aus dem Kühlschrank hole ich die Milch, schenke ein Glas ein und trinke im Stehen.
- Dann ziehe ich meine Schuhe an.
- Ich öffne die Haustüre, gehe hinaus und mache die Tür wieder zu.
- Jetzt laufe ich die Straße herunter bis zum Zebrastreifen, im Laufen winke ich dem Postboten zu.
- Ich schaue nach links und rechts und renne über die Straße.
- Um abzukürzen, springe ich über eine Hecke in den Park, renne über die Wiese und springe wieder über eine Hecke.
- Jetzt noch schnell um die Ecke flitzen, dabei ein paar Pfützen ausweichen und dann komme ich an der Schule an.
- Durchatmen – gerade noch pünktlich geschafft!

Handball Praxis Mini 2 – Koordinatives Training in
Spielformen und Bewegungslandschaften
30 Spielformen und 5 komplette Bewegungslandschaften

handball-uebungen.de
Trainingseinheiten und Übungen für Ihr Training!

Nr. 4	Aufwärmen mit Luftballons	6	⭐
Trainingsinhalte:	Orientierung, Reaktion, Differenzierung, Teamarbeit		
Benötigt:	Ein Luftballon pro Spieler		

Aufbau:
- Luftballons entsprechend der Spieleranzahl vorbereiten.

Ablauf A:
- Jedes Kind hat einen Luftballon und führt, nach kurzer Vorführung durch den Trainer, die folgenden Übungen durch:
  - Den Luftballon hochwerfen und wieder fangen.
  - Den Luftballon hochwerfen, dann mehrmals in die Luft springen, bevor der Luftballon auf den Boden fällt.
  - Den Luftballon hochwerfen und dann in der Luft halten. Dabei soll der Luftballon mit verschiedenen Körperteilen berührt werden (mit dem Fuß, dem Kopf, dem Knie, dem Rücken, usw.).

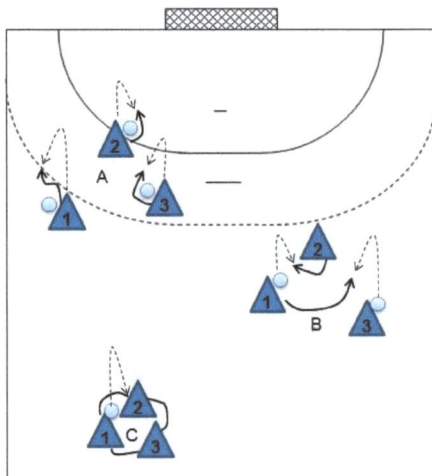

Ablauf B:
- Die Spieler bilden 3er-Gruppen, jede Gruppe hat zwei Luftballons.
- Zwei Spieler werfen die Ballons hoch, dann versuchen die drei Spieler so lange wie möglich, beide Ballons in der Luft zu halten. Ein Ballon darf dabei nicht zweimal hintereinander vom gleichen Spieler berührt werden.

Ablauf C:
- Die Spieler bilden 3er-Gruppen, jede Gruppe hat einen Luftballon.
- Die Spieler fassen sich zu dritt an den Händen.
- Ein Spieler wirft den Luftballon hoch (dabei die Hände kurz loslassen und gleich wieder fassen).
- Dann versuchen die drei Spieler gemeinsam mit gefassten Händen, den Luftballon so lange wie möglich in der Luft zu halten (ohne dabei die Hände loszulassen).

⚠️ Den Spielern in Ablauf B und C die Chance geben, zwischen den einzelnen Versuchen eine gemeinsame Strategie zu erarbeiten.

Handball Praxis Mini 2 – Koordinatives Training in
Spielformen und Bewegungslandschaften
30 Spielformen und 5 komplette Bewegungslandschaften

handball-uebungen.de
Trainingseinheiten und Übungen für Ihr Training!

Nr. 5	Gefahren im Dschungel	6	★
Trainingsinhalte:	Reaktion, Orientierung, in der Variante zusätzlich: Rhythmus		
Benötigt:	8 kleine Turnkisten		

Aufbau:

- Kleine Turnkisten und umgedrehte Kisten wie im Bild aufstellen.

Spielidee/Einführung:

- Die Spieler befinden sich im Dschungel und werden mit verschiedenen Aufgaben konfrontiert (siehe Laufvarianten). Immer wieder kommt es zu Warnrufen, wenn der wilde Tiger in die Nähe kommt, die Riesenameisen ausschwärmen oder ein plötzlicher Platzregen einsetzt.

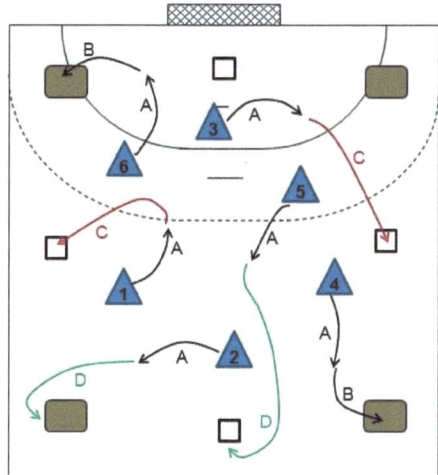

Ablauf:

- Die Spieler laufen im Feld durcheinander. Sie führen verschiedene Laufbewegungen durch, entsprechend der Aufgaben, die bei so einer Wanderung durch den Dschungel auftreten.
- Der Trainer gibt jeweils zu Beginn der Runde die Aufgabe vor:
  - Ihr lauft durch den Dschungel, überall liegen große Äste herum, über die ihr steigen müsst.
  - Ihr lauft durch den Dschungel, aber Vorsicht, es hängen Lianen von den Bäumen, unter denen ihr euch ducken müsst.
  - Ihr lauft durch den Dschungel, der Boden ist ganz matschig. ihr müsst die Füße hoch anheben, um vorwärts zu kommen.
  - Ihr lauft durch den Dschungel, aber leise, auf Zehenspitzen, damit die Schlange euch nicht hört.
  - Ihr habt Hunger und wollt Früchte von den Bäumen pflücken, dafür müsst ihr euch ganz lang strecken, um heranzukommen.
- Nach einiger Zeit ruft der Trainer einen der Warnrufe aus, die Spieler reagieren mit der entsprechenden Aktion:
  - Achtung: Der Tiger kommt: Schnell verstecken sich die Spieler hinter einer der kleinen Turnkisten.
  - Achtung: Ameisen: Schnell stellen sich die Spieler auf eine der kleinen Turnkisten.

Handball Praxis Mini 2 – Koordinatives Training in
Spielformen und Bewegungslandschaften
30 Spielformen und 5 komplette Bewegungslandschaften

handball-uebungen.de
Trainingseinheiten und Übungen für Ihr Training!

- o Achtung: Platzregen -> schnell ins Haus: Die Spieler klettern in eine kleine Turnkiste.
- Dann gibt der Trainer die nächste Laufaufgabe vor und die Spieler führen die entsprechende Laufbewegung durch.

Variante:
- Der Trainer begleitet die einzelnen Laufbewegungen mit dem Tamburin, die Spieler führen ihre Bewegungen im vorgegebenen Rhythmus aus.

⚠ Die Spieler sollen sich bei den Gefahren gegenseitig helfen, gemeinsam auf einer Turnkiste stehen oder sich gemeinsam in eine Turnkiste retten.

Nr. 6	Die große Welle	6	⭐⭐
Trainingsinhalte:	Orientierung, Reaktion		
Benötigt:	12-16 kleine Turnmatten, zwei Weichbodenmatten		

Aufbau:
- Kleine Turnmatten auslegen, den Abstand so wählen, dass die Kinder von einer Matte zur anderen springen können.
- In zwei diagonalen Ecken Weichbodenmatten auslegen, eine mit „Nord", und die andere mit „Süd" bezeichnen.

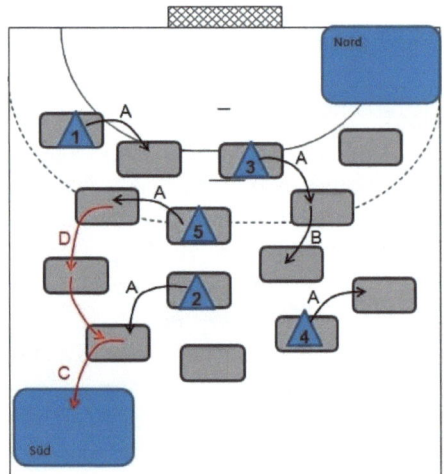

Ablauf:
- Alle Kinder springen zunächst nach Vorgabe (beidbeinig, einbeinig, mit Drehung, mit Strecksprung/ Schrittsprung) von Matte zu Matte (A und B).
- Nach ca. einer Minute ruft der Trainer entweder „Welle aus Norden" oder „Welle aus Süden".
- Die Spieler springen schnell über die Matten und versuchen, sich auf der anderen Weichbodenmatte in Sicherheit zu bringen (C) (bei „Welle aus Süd" auf der Nord-Matte, bei „Welle aus Nord" auf der Süd-Matte). Dabei können mehrere Zwischensprünge notwendig sein (D).

⚠ Beim Springen von Matte zu Matte sollen die Kinder Rücksicht aufeinander nehmen.

Handball Praxis Mini 2 – Koordinatives Training in
Spielformen und Bewegungslandschaften
30 Spielformen und 5 komplette Bewegungslandschaften

handball-uebungen.de
Trainingseinheiten und Übungen für Ihr Training!

Kategorie: Fangspiele

Nr. 7	Schlangenfangen	8	⭐
Trainingsinhalte:	Orientierung, Zusammenarbeit im Team		
Benötigt:			

Ablauf:
- Die Spieler bilden eine lange Schlange, wobei jeder Spieler den Vordermann an der Taille festhält.
- Der Kopf der Schlange (der vorderste Spieler) versucht auf Kommando, durch geschicktes Laufen und Täuschen, den Schwanz der Schlange zu fangen (den hintersten Spieler zu berühren).
- Die anderen Spieler versuchen, das Fangen des Schwanzes so lange wie möglich zu verhindern, dürfen aber den Vordermann nicht loslassen.
- Wenn der Schwanz gefangen wurde oder die Schlange auseinanderbricht, wechselt der vorderste Spieler ganz nach hinten und der nächsten Spieler versucht, den Schwanz zu fangen.

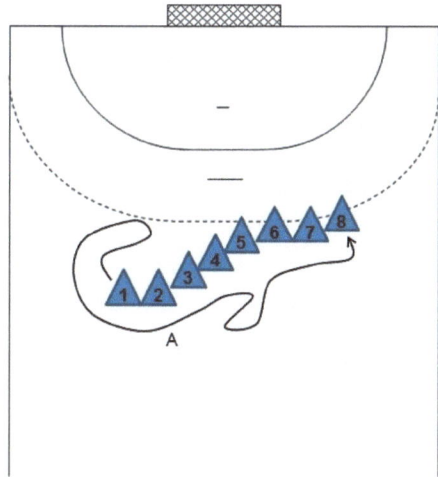

Nr. 8	Wäscheklammerfangen	8	⭐
Trainingsinhalte:	Orientierung		
Benötigt:	Wäscheklammern		

Aufbau:
- Jedem Kind werden 3-5 Wäscheklammern am Rücken am T-Shirt befestigt.
- Ein geeignetes Spielfeld festlegen.

Ablauf:
- Alle Spieler laufen im Feld und versuchen, sich gegenseitig die Wäscheklammern vom Rücken zu klauen.
- Wer eine Klammer ergattern konnte, darf diese vorne an seinem T-Shirt befestigen (diese Klammern dürfen nicht mehr geklaut werden).
- Welche Spieler haben am Ende die meisten Klammern am T-Shirt?

Handball Praxis Mini 2 – Koordinatives Training in
Spielformen und Bewegungslandschaften
30 Spielformen und 5 komplette Bewegungslandschaften

handball-uebungen.de
Trainingseinheiten und Übungen für Ihr Training!

Nr. 9	Vogelflug und Nestbau	10	★
Trainingsinhalte:	Orientierung, Reaktion		
Benötigt:	Pro 3er-Gruppe einen Turnreifen		

Aufbau:

- Die Spieler bilden 3er-Gruppen.
- Jede 3er-Gruppe hat einen Turnreifen, je ein Spieler der 3er-Gruppe steht im Turnreifen (der Vogel), die anderen beiden Spieler (das Nest) halten den Reifen fest (parallel zum Boden, etwa auf Hüfthöhe des Vogels).
- Übrige Spieler (1) stehen im Feld.

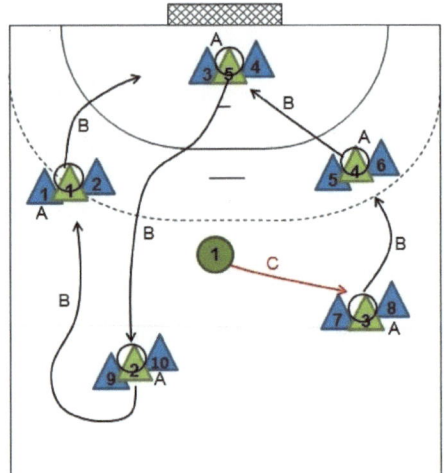

Ablauf:

- Die 3er Gruppen stehen als Vogel oder Nest im Feld verteilt (A), die übrigen Spieler in der Mitte des Feldes.
- Der übrige Spieler (falls es mehrere sind, der Trainer) gibt eines der folgenden Kommandos: „Vogelflug", „Nestbau" oder „Sturm".
- Das ist das Kommando für die Spieler bei den Reifen, entsprechend der Vorgabe die Positionen zu wechseln (B):
    - o Vogelflug: Alle Vögel laufen in ein anderes Nest (die Spieler, die das Nest bilden, bleiben stehen und halten den Reifen weiter parallel zum Boden).
    - o Nestbau: Alle Spieler, die ein Nest bilden, legen den Reifen ab, laufen zu einem anderen Reifen und heben diesen zu zweit zu einem neuen Nest wieder auf (die Vögel bleiben in den abgelegten Reifen stehen).
    - o Sturm: Die Reifen werden abgelegt; Vögel und Nester laufen auf eine beliebige neue Position (es werden komplett neue Nester mit neuen Vögeln gebildet).
- Nach dem Kommando versuchen die übrigen Spieler, eine der frei gewordenen Positionen zu besetzen (C).
- Der neue freie Spieler (bei mehreren der Trainer) gibt das nächste Kommando.

⚠️ Die Spieler sollen beim Kommando sofort reagieren und die neue Position (immer an einem neuen Reifen) einnehmen.

Handball Praxis Mini 2 – Koordinatives Training in
Spielformen und Bewegungslandschaften
30 Spielformen und 5 komplette Bewegungslandschaften

handball-uebungen.de
Trainingseinheiten und Übungen für Ihr Training!

Nr. 10	Joker	12	★★
Trainingsinhalte:	Orientierung, Reaktion		
Benötigt:	Leibchen, Spielkarten (eine pro Spieler) mit 1-2 Jokern		

Ablauf:

- Zwei Spieler bekommen ein Leibchen in die Hände, diese Spieler sind die Fänger.
- Alle anderen Spieler ziehen beim Trainer verdeckt jeweils eine Karte, wer einen Joker hat, darf im folgenden Fangspiel andere Spieler befreien.
- Auf Kommando versuchen die Fänger, andere Spieler abzuschlagen. Abgeschlagene Spieler setzen sich in die Hocke (stellen sich mit gespreizten Beinen auf).
- Die Joker können die gefangenen Spieler befreien, indem sie ihnen die Hand auf die Schulter legen und „befreit" sagen (oder durch die gespreizten Beine durchrutschen).
- Die Fänger sollten versuchen, schnell herauszufinden, wer die Joker sind, sobald diese Spieler abgeschlagen sind, kann kein Spieler mehr befreit werden.

⚠ Mindestens zwei Spieler sollten Joker sein.

⚠ Die Spieler sollten versuchen, die Fänger so zu täuschen, dass nicht gleich offensichtlich ist, wer die Joker sind.

Handball Praxis Mini 2 – Koordinatives Training in
Spielformen und Bewegungslandschaften
30 Spielformen und 5 komplette Bewegungslandschaften

handball-uebungen.de
Trainingseinheiten und Übungen für Ihr Training!

Nr. 11	Der weiße Hai	8	★★
Trainingsinhalte:	Orientierung, Reaktion, in der Variante Rhythmus		
Benötigt:	Eine Weichbodenmatte, 8 Schaumstoffbalken		

Aufbau:

- Eine Weichbodenmatte in der Feldmitte auslegen und mit Pommes (Schaumstoffbalken) in jeder Ecke einen Zielbereich markieren (s. Bild).
- Die Spieler ziehen verschieden farbige Leibchen an, jede Leibchenfarbe steht für einen Meeresbewohner (rot = Feuerfisch, grün = Clownfisch, blau = Doktorfisch).

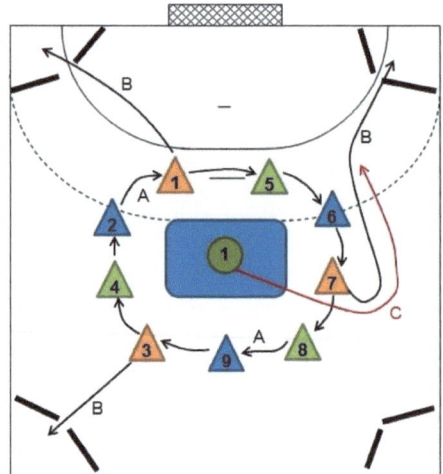

Ablauf:

- Ein Spieler startet als Fänger auf der Weichbodenmatte, alle anderen Spieler laufen gemeinsam im Kreis in „Strömungsrichtung" um die Matte (A).
- Der Trainer ruft als Kommando: „Der weiße Hai hat Hunger, heute isst er (z. Bsp. FEUERFISCHE)".
- Das ist das Zeichen für die Feuerfische, wegzulaufen und sich in einen Zielbereich zu retten (B). Der Spieler auf der Matte ist der „weiße Hai", er versucht, einen der weglaufenden Spieler zu fangen (C).
- Alle gefangenen Spieler ziehen das Leibchen aus und werden zu weiteren „weißen Haien".
- Die anderen Spieler starten wieder mit dem Laufen um die Matte, bis der Trainer das nächste Kommando gibt (z. Bsp.: „DOKTORFISCHE").
- Der Trainer kann die einzelnen Fischarten nennen oder auch „alle Fische" rufen, die entsprechenden Spieler (oder alle) müssen sich retten.
- Der Spieler, der als letztes nicht gefangen wurde, ist in der nächsten Runde der „weiße Hai".

Variante:

- Der Trainer kann beim Laufen im Kreis in Strömungsrichtung die Stärke der Strömung durch ein Tamburin vorgeben. Die Spieler sollen dann je nach Takt schneller oder langsamer laufen.

Handball Praxis Mini 2 – Koordinatives Training in
Spielformen und Bewegungslandschaften
30 Spielformen und 5 komplette Bewegungslandschaften

handball-uebungen.de
Trainingseinheiten und Übungen für Ihr Training!

Nr. 12	Beschützer- Fangen	14	★★★
Trainingsinhalte:	Orientierung, Zusammenarbeit im Team		
Benötigt:			

Aufbau:
- Die Spieler bilden jeweils 4er-Gruppen, zwei bis vier übrige Spieler werden zu Fängern.

Ablauf:
- Drei Spieler jeder 4er-Gruppe fassen sich an den Händen, der vierte Spieler stellt sich in den entstandenen Kreis (A).
- Auf Pfiff des Trainers starten die Fänger und versuchen, einen der Spieler im Kreis zu berühren (B).
- Die drei Spieler, die den Kreis bilden, versuchen, die Berührung zu verhindern, dürfen dabei aber die gehaltenen Hände nicht loslassen.
- Wurde ein in der Mitte stehender Spieler berührt, wird er zum neuen Fänger, ein anderer Spieler aus der Gruppe besetzt die Kreismitte und der bisherige Fänger fasst sich mit den verbliebenen beiden Spielern an den Händen und schützt im nächsten Durchgang.

Variante:
- Es werden nur 3er-Gruppen gebildet, zwei Spieler schützen einen dritten, der von den Fängern gefangen werden darf.

Handball Praxis Mini 2 – Koordinatives Training in
Spielformen und Bewegungslandschaften
30 Spielformen und 5 komplette Bewegungslandschaften

handball-uebungen.de
Trainingseinheiten und Übungen für Ihr Training!

Kategorie: Staffelspiele

Nr. 13	Transportstaffel zu zweit	8	⭐
Trainingsinhalte:	Orientierung, Zusammenarbeit im Team		
Benötigt:	6 (4/8) Turnbänke, 9 (6/12) Hütchen, 3 (2/4) Luftballons		

Aufbau:

- Es werden abhängig von der Spieleranzahl zwei, drei oder vier Mannschaften gebildet (optimal sind vier Spieler je Mannschaft).
- Für jede Mannschaft ein Hütchentor als Startmarkierung und ein einzelnes Hütchen als Wendemarke aufstellen.
- Für jede Mannschaft zwei Bänke parallel aufstellen (s. Bild).

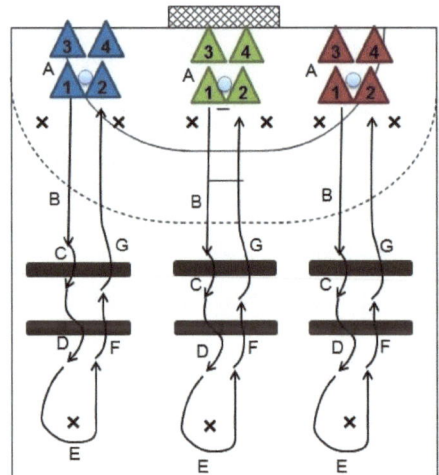

Ablauf:

- Immer zwei Spieler starten gemeinsam. Sie tragen einen Luftballon, dieser muss gemeinsam getragen werden. Jeder Spieler trägt den Luftballon mit einer Hand, er wird zwischen den Händen eingeklemmt (A).
- Mit dem so gefassten Ballon laufen die Spieler (B) über beide Bänke (C und D) zur Wechselmarke, umrunden diese (E) und laufen wieder über die Bänke zurück (F und G).
- Dort übergeben sie den Ballon an die nächsten beiden Spieler, die den Ablauf wiederholen, bis jeder Spieler zweimal gelaufen ist.
- Fällt der Luftballon herunter, führen die Spieler nach dem Aufnehmen des Ballons den Ablauf an der Stelle des Verlusts fort.
- Welche Mannschaft schafft den Ablauf am schnellsten?

⚠ Wenn nur drei Spieler eine Mannschaft bilden, wird für den nächsten Durchlauf nur ein Spieler ausgetauscht, der andere läuft erneut.

⚠ Die Spieler sollen den Ablauf sicher durchführen und darauf achten, dass der Luftballon nicht herunterfällt. Die Laufgeschwindigkeit soll diesem Ziel untergeordnet werden.

Handball Praxis Mini 2 – Koordinatives Training in
Spielformen und Bewegungslandschaften
30 Spielformen und 5 komplette Bewegungslandschaften

handball-uebungen.de
Trainingseinheiten und Übungen für Ihr Training!

Variationen:
- Anstatt der Luftballons haben die Mannschaften je zwei Volleybälle und einen Tennisball. Die beiden Spieler halten je einen Volleyball in beiden Händen, klemmen den Tennisball dazwischen ein und versuchen, den Tennisball über die Bänke zu transportieren, ohne dass er herunterfällt.

Nr. 14	Luftballontransport im Team	6	★★
Trainingsinhalte:	Orientierung, Zusammenarbeit im Team		
Benötigt:	6-8 Luftballons, 9 Hütchen		

Aufbau:
- Mannschaften mit je drei oder vier Spielern bilden.
- Jede Mannschaft bekommt mehrere Luftballons (einen Luftballon weniger, als es Spieler im Team gibt).
- Eine Startlinie definieren und für jede Mannschaft drei Hütchen für einen Slalom aufstellen (s. Bild).

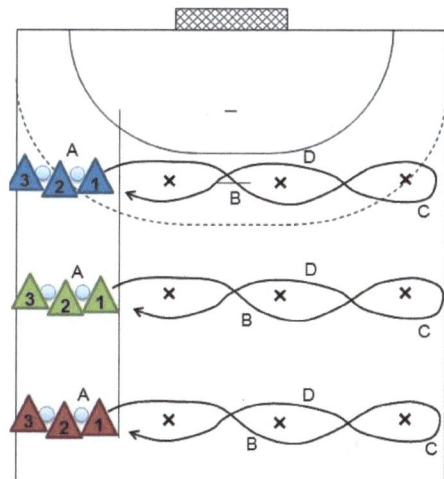

Ablauf:
- Die Mannschaften stellen sich an der Linie hintereinander auf. Zwischen den Spielern klemmen sie jeweils einen Luftballon ein (A) (ein Spieler berührt den Luftballon mit dem Bauch, der andere mit dem Rücken).
- Auf Pfiff des Trainers starten die Teams gleichzeitig, bewegen sich als Schlange im Slalom um die Hütchen (B), umrunden das hinterste Hütchen (C) und laufen wieder im Slalom zur Startlinie zurück (D).
- Die Luftballons dürfen dabei nicht mit den Händen festgehalten (die Spieler platzieren die Hände auf den Schultern des Vordermanns) werden und dürfen nicht herunter fallen. Fällt ein Luftballon herunter, muss die Schlange stoppen bis der Luftballon wieder eingesetzt ist und darf den Weg erst dann fortsetzen.
- Welches Teams schafft den Slalom am schnellsten?

⚠️ Die Spieler sollen sich vor dem Durchlauf kurz bezüglich der Taktik absprechen können.

handball-uebungen.de
Trainingseinheiten und Übungen für Ihr Training!

Nr. 15	Balltransport im Team	12	⭐
Trainingsinhalte:	Differenzierung, Passen und Fangen im Bodenpass		
Benötigt:	4 umgedrehte kleine Turnkisten, je Team 3-5 unterschiedliche Bälle, 24 Hütchen oder 12 Turnreifen		

Aufbau:

- Zwei Mannschaften bilden.
- Für jede Mannschaft entsprechend der Spieleranzahl Hütchentore aufstellen (Bild1).
- Die Spieler der Mannschaft teilen sich so zwischen die Hütchentore auf, dass immer ein Tor zwischen zwei Spielern steht.
- Eine Ballkiste mit verschiedenen Bällen (Softball, Plastikball, Handball, ev. Tennisball) und je eine zweite Ballkiste werden beim ersten Spieler aufgestellt.

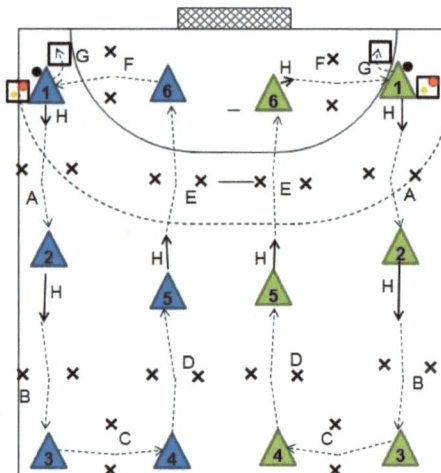

(Bild 1)

Ablauf:

- Auf Kommando starten 🔺1 und 🔺1 und passen im Bodenpass durch das Hütchentor zu 🔺2 bzw. 🔺2 (A).
- Der Ball wird von Spieler zu Spieler im Bodenpass durch die Tore weitergepasst (B, C, D und E), bis er wieder bei 🔺1 bzw. 🔺1 ankommt (F).
- 🔺1 und 🔺1 legen den Ball in der leeren Ballkiste ab (G) und holen den nächsten Ball aus der vollen Ballkiste.
- Der Ablauf wiederholt sich so lange, bis alle Bälle in der leeren Ballkiste liegen.
- Welche Mannschaft ist schneller?

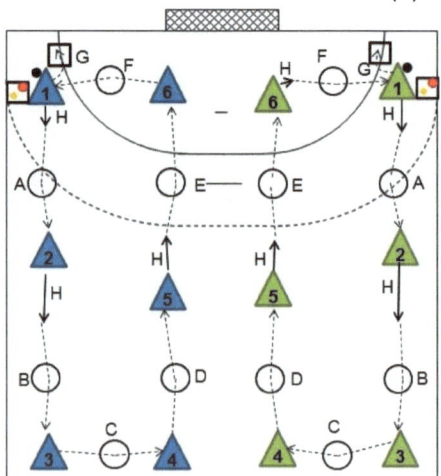

⚠ Die Spieler dürfen nach dem Fangen noch 1-3 Schritte machen (H).

Variation:

- Anstatt der Hütchentore werden Reifen ausgelegt, der Bodenpass soll durch den Reifen erfolgen (Bild 2).

(Bild 2)

Handball Praxis Mini 2 – Koordinatives Training in
Spielformen und Bewegungslandschaften
30 Spielformen und 5 komplette Bewegungslandschaften

handball-uebungen.de
Trainingseinheiten und Übungen für Ihr Training!

Nr. 16	Fußball-Staffel	8	★★
Trainingsinhalte:	Orientierung, Differenzierung (in der Variante), Zusammenarbeit im Team		
Benötigt:	Mehrere Bälle, 2 Turnreifen		

Aufbau:
- Zwei Mannschaften bilden, jede Mannschaft hat einen Ball.
- An der Mittellinie für jede Mannschaft einen Reifen als Ziel auslegen.

Ablauf:
- Die Spieler der Mannschaft bilden einen Kreis und halten sich an den Händen (A).
- Der Ball wird beim Start in den gebildeten Kreis gelegt.
- Auf Kommando versuchen beide Mannschaften, den Ball in den Reifen zu transportieren (B).
- Dabei darf der Ball nur mit den Füßen gespielt werden. Die Spieler dürfen sich dabei nicht loslassen.
- Die Spieler versuchen, den Ball gemeinsam in den Reifen zu treiben, dabei darf der Ball den gebildeten Kreis nicht verlassen (passiert dies dennoch, muss an der Stelle fortgesetzt werden, an der der Ball aus dem Kreis gerollt ist).
- Welche Mannschaft schafft es schneller, den Ball in den Reifen zu transportieren.

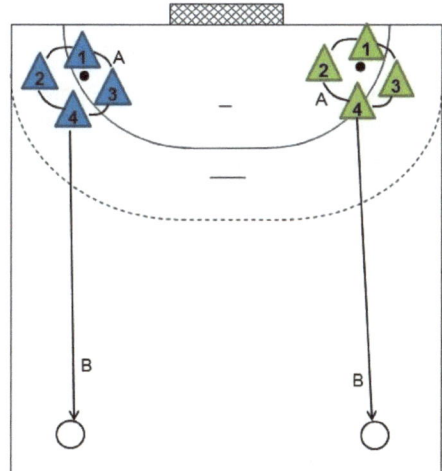

Variationen:
- Jede Mannschaft hat mehrere Bälle an der Grundlinie liegen. Wenn der erste Ball in den Reifen transporiert wurde, wird der nächste Ball geholt (verschiedene Bälle verwenden z.Bsp. Handball, Tennisball, Fußball, Softball).
- Es werden mehrere Bälle gleichzeitig in der Gruppe zum Reifen transportiert. Eventuell sollte dafür die Gruppengröße variiert werden (z. Bsp. fünf Spieler transportieren zwei/ drei Bälle gleichzeitig).

Handball Praxis Mini 2 – Koordinatives Training in
Spielformen und Bewegungslandschaften
30 Spielformen und 5 komplette Bewegungslandschaften

handball-uebungen.de
Trainingseinheiten und Übungen für Ihr Training!

Nr. 17	Socken-Staffel	8	★★
Trainingsinhalte:	Rhythmus, Prelltechnik		
Benötigt:	1 großer Turnkasten, 12 Hütchen, 3 kleine Turnkisten, 6 Turnreifen, Socken, Wäscheklammern, Wäscheleine, 2 Bälle		

Aufbau:

- Auf einen großen Turnkasten werden Wäscheklammern gelegt, eine Wäscheleine wird auf beiden Seiten zwischen Turnkasten und Wand gespannt (F).
- Vor dem großen Kasten werden drei kleine Turnkisten umgedreht aufgestellt und verschiedene Socken darauf verteilt (einzelne Socken, die als Paare zusammenpassen).
  Zwei Mannschaften bilden. Für jede Mannschaft wird ein Parcours aus Hütchen und Reifen aufgebaut (Bsp. Siehe Bild)

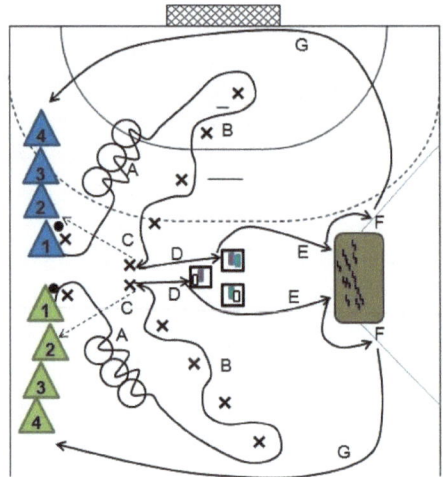

Ablauf:

- Auf Kommando starten ▲1 und ▲1 gleichzeitig und prellen zu den Reifen.
- ▲1 und ▲1 prellen einmal in jeden Reifen (A) (dazwischen ist weiteres Prellen erlaubt).
- Dann umlaufen ▲1 und ▲1 die Hütchen prellend im Slalom (B). Je nach Leistungfähigkeit wird der Ball immer mit der äußeren Hand geprellt.
- Am Ende des Slaloms rollen ▲1 und ▲1 den Ball zum jeweils nächsten Spieler zurück (C).
- ▲1 und ▲1 laufen dann zu den kleinen Turnkisten und holen sich aus einer beliebigen Kiste einen Socken (D).
- Vom großen Kasten wird eine Wäscheklammer geholt (E) und der Socken wird an der Wäscheleine aufgehängt, die der Mannschaft zugeordnet ist (F).
- ▲2 und ▲2 starten, sobald sie den Ball zugerollt bekommen haben, mit dem gleichen Ablauf.
- Es gewinnt die Mannschaft, die zuerst 3 (5 / 7) passende Sockenpaare auf der Leine aufgehängt hat.

⚠ Die Wäscheleinen so aufhängen, dass jeder Spieler sie erreichen und einen Socken aufhängen kann.

Handball Praxis Mini 2 – Koordinatives Training in
Spielformen und Bewegungslandschaften
30 Spielformen und 5 komplette Bewegungslandschaften

handball-uebungen.de
Trainingseinheiten und Übungen für Ihr Training!

Nr. 18	Geschirrtuch-Staffel	8	★★
Trainingsinhalte:	Gleichgewicht, Differenzierung		
Benötigt:	Geschirrtücher (pro Mannschaft eines mehr als Spieler in der Mannschaft sind)		

Aufbau:

- Zwei Mannschaften bilden.
- Für jede Mannschaft eine Reihe von Geschirrtüchern auslegen, die Spieler stellen sich auf die Geschirrtücher (s. Bild).
- Der hinterste Spieler hält ein zusätzliches Tuch in der Hand.

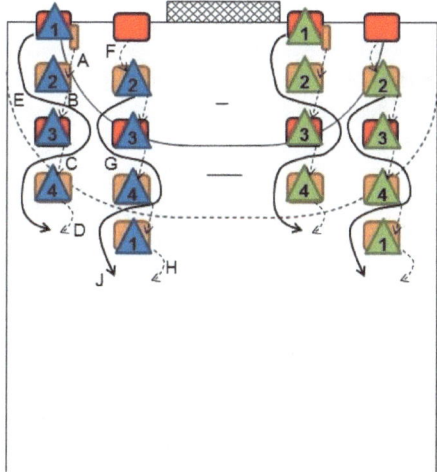

Ablauf:

- Auf Kommando starten 🔺1 und 🔺1 gleichzeitig und geben das Geschirrtuch in ihrer Hand an den nächsten Spieler nach vorne weiter (A).
- Das Geschirrtuch wird von Spieler zu Spieler weitergegeben (B und C), bis es bei 🔺4 bzw. 🔺4 ankommt.
- 🔺4 und 🔺4 legen das Geschirrtuch auf dem Boden aus (D).
- Nach der Weitergabe des Geschirrtuchs läuft der jeweils hintere Spieler (🔺1 und 🔺1) im Slalom um die anderen Spieler herum (E) und stellt sich vorne auf das von 🔺4 bzw. 🔺4 ausgelegte Tuch.
- Wenn 🔺1 (🔺1) an 🔺2 (🔺2) vorbeigelaufen ist, nimmt 🔺2 (🔺2) das frei gewordene Tuch auf (F) und gibt dieses wieder durch die Reihe nach vorne weiter.
- 🔺2 (🔺2) läuft dann im Slalom durch die Reihe (G) und stellt sich vorne auf das von 🔺1 (🔺1) ausgelegte (H) Tuch (J).
- Usw., welches Team schafft es zuerst, dass alle Spieler die Mittellinie überquert haben?

⚠ Die Spieler dürfen die Geschirrtücher nur für den Slalom verlassen, beim Weitergeben, Aufheben und Auslegen der Tücher darf das eigene Tuch nicht verlassen werden.

⚠ Die Spieler müssen den Abstand so wählen, dass die Tücher vom nächsten Tuch aus erreicht werden können. Er darf aber auch nicht so eng gelegt werden, dass der laufende Spieler nicht mehr zwischen den Spielern durchlaufen kann.

Kategorie: Wurfspiele

Nr. 19	Sammel– und Wurfspiel	8	☆
Trainingsinhalte:	Orientierung, Differenzierung, Werfen		
Benötigt:	2 große Turnkästen, 6 Hütchen, 2 kleine Turnkisten, verschiedene Wurfgeräte (Softbälle, Tennisbälle, Handbälle, Kirschkernsäckchen, o.ä.)		

Aufbau:

- Zwei nach oben offene große Turnkästen als Ziele aufstellen.
- Mit Hütchen die Abwurflinie markieren, zwei umgedrehte kleine Turnkisten hinter den Hütchen aufstellen.
- Wurfgeräte (verschiedene Bälle, Kirschkernsäcken o.ä.) im Feld verteilen.
- Zwei Mannschaften bilden.

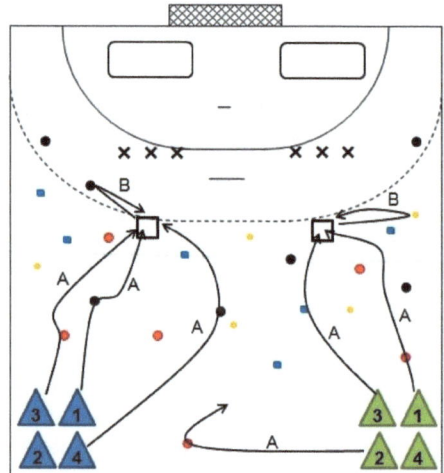

Ablauf „Sammeln":

- Auf Kommando starten alle Spieler gleichzeitig und sammeln die Wurfgeräte ein. Dabei sprintet jeder Spieler zu einem Wurfgerät, hebt es auf (A) und legt es in die nach oben offene kleine Turnkiste der eigenen Mannschaft. Danach holen die Spieler weitere Wurfgeräte (B), so lange, bis alle Wurfgeräte eingesammelt sind.

⚠ Jeder Spieler darf immer nur ein Wurfgerät in der Hand haben und muss dieses selbst zur Turnkiste bringen (Passen und Übergeben der Geräte ist nicht erlaubt).

Handball Praxis Mini 2 – Koordinatives Training in
Spielformen und Bewegungslandschaften
30 Spielformen und 5 komplette Bewegungslandschaften

handball-uebungen.de
Trainingseinheiten und Übungen für Ihr Training!

Ablauf „Werfen":

- Wenn alle Geräte eingesammelt sind, pfeift der Trainer und die Mannschaften bilden je eine Reihe an der eigenen Turnkiste.

- ▲ und ▲ wählen je ein Wurfgerät, werfen von der Abwurfmarke (C) und versuchen, in den oben offenen Turnkasten zu treffen. Je nach Wurfgerät kann ein direkter (D) Wurf oder (bei Bällen) auch ein indirekter Wurf (über den Boden (E)) gewählt werden.

- Die Mannschaft, die mehr Wurfgeräte in den großen

  Turnkasten wirft, gewinnt die Spielrunde.

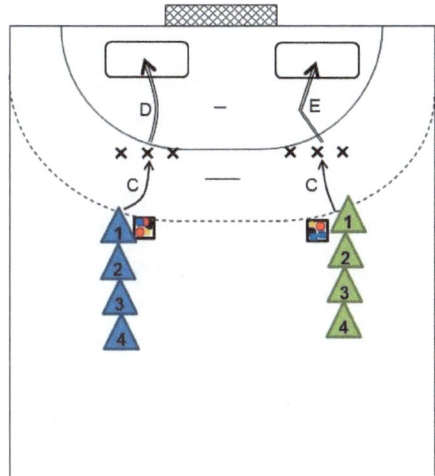

Gesamtablauf:

- Es werden mehrere Spielrunden gespielt. Die Wurfgeräte werden dazwischen immer wieder im Feld verteilt.
- Die Mannschaften dürfen sich zwischen den Runden kurz abstimmen, welche Wurfgeräte sie sammeln möchten und wer mit welchen Wurfgeräten wirft.
- Welche Mannschaft hat am Ende die meisten Runden gewonnen?

⚠ Das Werfen wird einfacher, wenn der nach oben offene Kasten an die Wand gestellt wird und auch Würfe an die Wand, bei denen das Wurfgerät anschließend in den Kasten fällt, als Treffer zählen.

Handball Praxis Mini 2 – Koordinatives Training in
Spielformen und Bewegungslandschaften
30 Spielformen und 5 komplette Bewegungslandschaften

handball-uebungen.de
Trainingseinheiten und Übungen für Ihr Training!

Nr. 20	**Wurfspiel mit Turmbau**	8	⭐
Trainingsinhalte:	Orientierung, Wurftechnik, Passen und Fangen		
Benötigt:	8 Turnreifen, 4 Hütchen, 2 Ballkisten mit ausreichend Bällen, 4 Kisten mit Bauklötzen in verschiedenen Farben, 2 kleine Turnkisten		

Aufbau:

- Zwei Mannschaften bilden.
- Für jede Mannschaft als Wurfziel vier Reifen an die Wand hängen und verschiedenen Farben zuordnen (s. Bild 2).
- Pro Mannschaft mit Hütchen die Abwurflinie markieren und eine Ballkiste mit Bällen bereitstellen.
- Auf der anderen Feldhälfte vier Kisten mit Bausteinen in den vier Farben aufstellen und pro Mannschaft ein kleine Turnkiste für den Turmbau aufstellen.

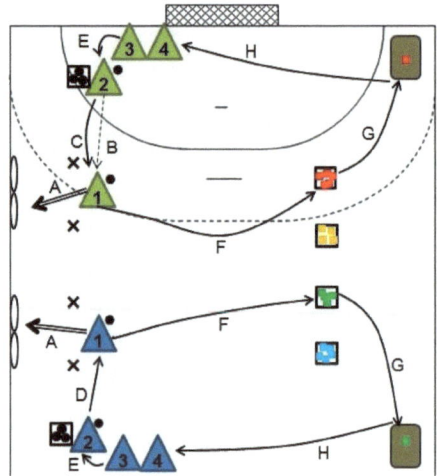
(Bild1)

Ablauf:

- 🔺1 und 🔺1 starten an der Wurflinie und versuchen, in einen der Reifen zu treffen (A).
- Treffen sie den Reifen beim ersten Mal nicht, bekommen sie vom Mitspieler einen weiteren Ball zugepasst (B) und werfen erneut.
- Wird ein Reifen getroffen, rücken 🔺2 bzw. 🔺2 nach (C und D) und werfen als nächstes, 🔺3 und 🔺3 werden die nächsten Zuspieler (E).
- Hat ein Spieler einen Reifen getroffen, läuft er zur Kiste mit den Bausteinen in der entsprechenden Farbe (F), holt sich einen Baustein und benutzt diesen für den Turmbau auf der der Mannschaft zugeordneten Turnkiste (G) und stellt sich wieder an (H).
- Welche Mannschaft schafft es, den höchsten Turm zu bauen?

(Bild 2)

⚠ Auf saubere Wurftechnik achten.

⚠ Mit der Zeit können die Bausteine in einzelnen Kisten leer sein, damit verkleinert sich die Trefferfläche im Verlauf der Übung.

Handball Praxis Mini 2 – Koordinatives Training in
Spielformen und Bewegungslandschaften
30 Spielformen und 5 komplette Bewegungslandschaften

handball-uebungen.de
Trainingseinheiten und Übungen für Ihr Training!

Nr. 21	Wurfspiel auf kleine Turnkisten	8	★★
Trainingsinhalte:	Differenzierung, Wurftechnik		
Benötigt:	2 kleine Turnkisten, 14 Pommes (Schaumstoffbalken), ein Ball je Spieler		

Aufbau:

- Zwei Mannschaften bilden.
- Für jede Mannschaft eine kleine Turnkiste als Wurfziel aufstellen.
- Mit Schaumstoffbalken mehrere Abwurflinien in unterschiedlicher Entfernung zu den Turnkisten auslegen.

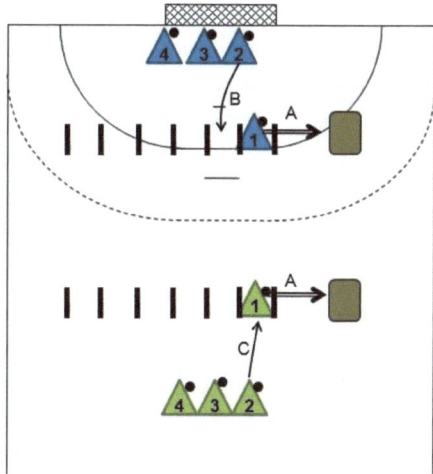

Ablauf:

- ▲ und ▲ starten gleichzeitig. Sie werfen von der ersten Abwurfmarke (die der Turnkiste am nächsten ist) und versuchen, die Turnkiste zu treffen (A).
- Trifft ▲ die Turnkiste, darf der nächste Spieler (▲) von der nächsten Abwurfmarkierung werfen (B). Trifft ein Werfer nicht, wirft der nächste Spieler (▲) von der gleichen Markierung wie der Werfer davor (C).
- Welche Mannschaft trifft als erstes von der letzten Markierung?

Variante:

- Es werden verschiedene Wurfgeräte zur Verfügung gestellt, nach einem Fehlwurf (oder in einer zweiten Variante nach einem Treffer), sucht der Spieler sich ein anderes Wurfgerät für den nächsten Versuch aus.

⚠ Auf saubere Wurftechnik achten.

Handball Praxis Mini 2 – Koordinatives Training in
Spielformen und Bewegungslandschaften
30 Spielformen und 5 komplette Bewegungslandschaften

handball-uebungen.de
Trainingseinheiten und Übungen für Ihr Training!

Nr. 22	Wurfspiel mit Vorübungen	6	★★
Trainingsinhalte:	Gleichgewicht, Differenzierung, Wurftechnik		
Benötigt:	2 große Turnkästen, 2 kleine Turnkisten, 2 Turnbänke, 2 kleine Turnmatten, 2 Ballkisten mit verschiedenen Bällen (Softbälle, Tennisbälle, Jonglierbälle), 2 Basketballkörbe, 2 Schirme, 6 Reifen in drei verschiedenen Farben		

Aufbau:

- Zwei Turnbänke jeweils auf einen großen Turnkasten und eine kleine Turnkiste auflegen, so dass zwei gegengleiche, parallele schräge Ebenen entstehen (Bild 2). Mit Turnmatten sichern!
- Zwei Mannschaften bilden, je Mannschaft als Wurfziel einen Schirm in einen Basketballkorb legen (Bild 3).
- Je Mannschaft eine Ballkiste mit verschiedenen Bällen aufstellen und drei unterschiedlich farbige Reifen auslegen (Bild 1).

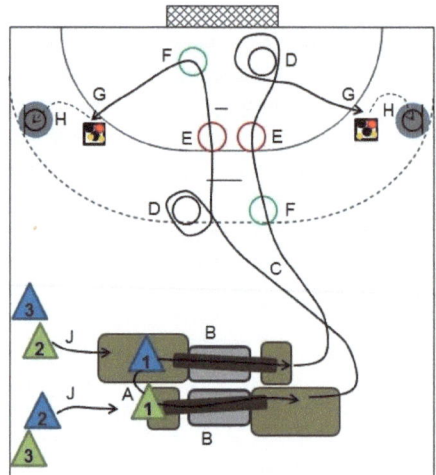

(Bild 1)

Ablauf:

- 🔺 und 🔺 starten gleichzeitig, ein Spieler startet auf dem großen Kasten stehend (🔺), der andere auf der kleinen Kiste stehend (🔺). Die beiden Spieler nehmen sich an die Hand (A).

(Bild 2)

- 🔺 und 🔺 laufen nun gemeinsam über die Bänke (B). Dabei müssen die Spieler sich gegenseitig helfen, das Gleichgewicht zu halten und aufeinander Rücksicht nehmen.
- Am Ende lassen beide die Hände los und klettern vom jeweiligen Ankunftsziel. Jeder läuft nun zu seiner Reifenreihe (C).
- Die Reifen werden nach folgenden Regeln durchlaufen:
  - ○ Scharz: Der Reifen wird einmal komplett umlaufen (D).
  - ○ Rot: Es wird beidbeinig in den Reifen gesprungen und wieder beidbeinig herausgesprungen (E).
  - ○ Grün: Es wird mit beiden Händen gleichzeitig im Reifen auf den Boden geklatscht und dann weitergelaufen (F).

Handball Praxis Mini 2 – Koordinatives Training in
Spielformen und Bewegungslandschaften
30 Spielformen und 5 komplette Bewegungslandschaften

handball-uebungen.de
Trainingseinheiten und Übungen für Ihr Training!

- Beide Spieler laufen dann zu ihrer Ballkiste und suchen sich einen Ball aus (G). Die Spieler versuchen, diesen Ball in den Schirm zu werfen (H / Bild 3). Dabei hat jeder Spieler drei Versuche.
- Nach einem erfolgreichen oder drei erfolglosen Versuchen, laufen die Spieler zurück und stellen sich auf der anderen Seite wie im letzten Durchgang wieder an (neuer Startpunkt hoher oder tiefer Kasten im nächsten Durchgang).
- Die nächsten beiden Spieler starten, wenn die ersten beiden die Bänke verlassen haben (J).
- Welches Team erzielt die meisten Treffer?

⚠ Es kommt in dem Wettkampf nicht auf die Geschwindigkeit an, die Spieler sollen das Balancieren und auch die Würfe korrekt und mit Ruhe ausführen.

(Bild 3)

Handball Praxis Mini 2 – Koordinatives Training in
Spielformen und Bewegungslandschaften
30 Spielformen und 5 komplette Bewegungslandschaften

handball-uebungen.de
Trainingseinheiten und Übungen für Ihr Training!

Nr. 23	Wurfspiel mit zwei Ausgängen	8	★★★
Trainingsinhalte:	Differenzierung, Wurftechnik		
Benötigt:	4 kleine Turnkisten, 6 Medizinbälle, 6 Hütchen, 6 Pommes (Schaumstoffbalken), 12 Turnreifen, ein Ball je Spieler		

Aufbau:

- Zwei Mannschaften bilden.
- Je Mannschaft als Wurfziele zwei Medizinbälle und zwei Hütchen auf kleinen Turnkisten, sowie einen Medizinball und ein Hütchen auf dem Boden aufstellen.
- Mit je drei Schaumstoffbalken die Abwurflinien markieren.
- Je Mannschaft auf der anderen Seite eine Reihe aus sechs Turnreifen aufstellen.

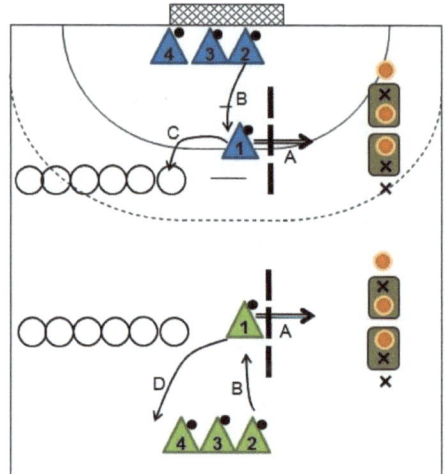

(Bild 1)

Ablauf:

- ▲ und ▲ starten gleichzeitig.
- Sie werfen von der Abwurfmarke auf ein Ziel ihrer Wahl (A). Danach ist der zweite Spieler an der Reihe, der ebenfalls auf ein Ziel seiner Wahl wirft (B). Getroffene Ziele werden nicht wieder aufgestellt.
- Trifft ein Spieler, holt er seinen Ball und stellt sich danach in den ersten Reifen der Reifenreihe (C), trifft ein Spieler nicht, stellt er sich direkt wieder an (D).
- Steht ein Spieler in der Reifenreihe (Bild 2), wechselt er bei einem Fehlwurf eines Mitspielers (E) einen Reifen weiter nach hinten (F). Der Spieler, der nicht getroffen hat, stellt sich mit Ball wieder an (G).
- Trifft ein Spieler, wenn bereits ein Spieler in der Reifenreihe ist (H), stellt sich der Spieler in den Reifen wieder an (K) und der treffende Spieler stellt sich in den ersten Reifen (J).
- Das Spiel hat zwei mögliche Ausgänge:
  - Eine Mannschaft hat alle

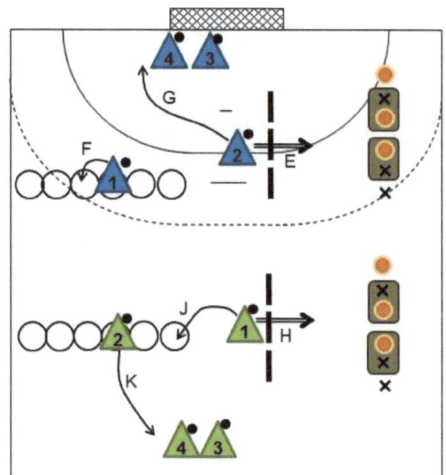

(Bild 2)

Handball Praxis Mini 2 – Koordinatives Training in
Spielformen und Bewegungslandschaften
30 Spielformen und 5 komplette Bewegungslandschaften

handball-uebungen.de
Trainingseinheiten und Übungen für Ihr Training!

Ziele getroffen (in diesem Fall gewinnt diese Mannschaft das Spiel).

o Ein Spieler einer Mannschaft steht bereits im hintersten Reifen und muss bei einem erneuten Fehlwurf hinten aus der Reifenreihe heraustreten. In diesem Fall verliert seine Mannschaft.

⚠ Spieler, die schon häufig treffen, gehen danach in die Reifenreihe und kommen deshalb nicht so oft zum Wurf wie andere Spieler. Die Mannschaft gewinnt nur, wenn mehrere Spieler die Ziele treffen.

Nr. 24	Korbwurfspiel	6	★★★
Trainingsinhalte:	Differenzierung, Wurftechnik		
Benötigt:	2 Körbe, 2 Seile, 2 Basketballkörbe, 2 Kisten mit unterschiedlichen Wurfgeräten		

Aufbau:
- Zwei Mannschaften bilden.
- Für jede Mannschaft als Wurfziel einen Korb mit einem Seil an einem Basketballkorb befestigen (Bild links) und verschiedene Wurfgeräte (Bild rechts oben) wie Kirschkernsäckchen, Jonglierbälle, Tennisbälle, o.ä. bereitstellen.

Ablauf:
- Beide Mannschaften versuchen, die Wurfgeräte in den Korb zu werfen (Bilder rechts).
- Dabei werfen die Spieler einer Mannschaft abwechselnd. Der Spieler, der an der Reihe ist, wählt ein Wurfgerät und versucht von einer definierten Abwurflinie, in den Korb zu treffen. Dann wirft der nächste Spieler.
- Schafft es eine Mannschaft, alle Spielgeräte in den Korb zu werfen?

⚠ Der Korb hängt zunächst bewegungslos. Durch die Wurfversuche wird der Korb beginnen, zu pendeln. Die Spieler sollen abschätzen, wie lange sie warten und die Bewegung einschätzen müssen, bis ein Treffer trotz der Bewegung des Korbes möglich ist.

Handball Praxis Mini 2 – Koordinatives Training in
Spielformen und Bewegungslandschaften
30 Spielformen und 5 komplette Bewegungslandschaften

handball-uebungen.de
Trainingseinheiten und Übungen für Ihr Training!

Kategorie: Mit- und gegeneinander

Nr. 25	Roboterspiel mit Kartenstaffel	12	☆
Trainingsinhalte:	Orientierung, Teamarbeit, Vertrauen aufbauen		
Benötigt:	1 Kartenspiel, 8-10 Hütchen oder Stangen, Augenbinden		

Aufbau:

- Es werden drei Mannschaften gebildet.
- Aus einem Kartenspiel werden vier Buben, vier Damen, vier Könige und vier beliebige andere Karten verdeckt im hinteren Teil des Feldes ausgelegt (s. Bild).
- Als Hindernisse werden Hütchen oder Stangen im vorderen Teil des Feldes aufgestellt. Jede Mannschaft erhält zwei Augenbinden.

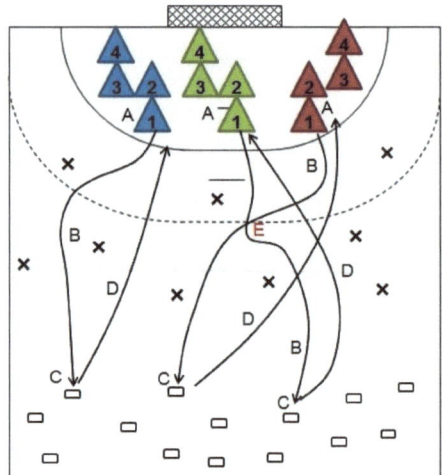

Ablauf:

- Jeder Mannschaft wird ein Kartensymbol (Bube, Dame oder König) zugeordnet. Die Mannschaft muss die vier ausgelegten Karten mit diesem Symbol einsammeln.
- Ein Spieler jeder Mannschaft startet mit verbundenen Augen (A). Ein zweiter Spieler der gleichen Mannschaft steuert den „blinden" Spieler durch die Hütchen (B) hindurch bis zu einer Karte (C), indem er die folgenden Kommandos gibt:
  o Leicht an der linken Schulter berühren -> der „blinde" Spieler biegt nach links ab.
  o Leicht an der rechten Schulter berühren -> der „blinde" Spieler biegt nach rechts ab.
  o Leichtes Klopfen auf den Rücken -> der „blinde" Spieler bleibt stehen.
  o Leichtes Klopfen von oben auf beide Schultern -> der „blinde" Spieler geht in die Hocke, nimmt die Karte auf und zeigt sie dem anderen Spieler.

Handball Praxis Mini 2 – Koordinatives Training in
Spielformen und Bewegungslandschaften
30 Spielformen und 5 komplette Bewegungslandschaften

handball-uebungen.de
Trainingseinheiten und Übungen für Ihr Training!

- Ist die gezeigte Karte richtig (hat das der Mannschaft zugeordnete Symbol), wird die Karte auf dem Rückweg mitgenommen (der steuernde Spieler bestätigt mit „JA"), ist die Karte nicht richtig, wird sie wieder verdeckt ausgelegt (der steuernde Spieler sagt „NEIN").
- Nachdem der „blinde" Spieler auch auf dem Rückweg wieder durch die Hütchen dirigiert wurde (D), wird das zweite 2er-Team der Mannschaft abgeklatscht und startet denselben Ablauf (das 2er-Team ist vorbereitet, ein Spieler hat die Augen bereits verbunden).
- Die zwei Spieler, die jetzt Pause haben, wechseln die Augenbinde und dadurch die Aufgaben für ihren nächsten Durchlauf (bei mehr als vier Spielern pro Mannschaft wird durchgewechselt).
- Welche Mannschaft holt zuerst alle vier passenden Karten?

⚠ Der steuernde Spieler muss gut aufpassen und den aufgestellten Hütchen und den anderen Mannschaften rechtzeitig ausweichen (E).

⚠ Die Kommandos erfolgen nur über die Handzeichen, es darf nicht gesprochen werden (Ausnahme: JA, wenn die Karte mitgenommen werden kann. NEIN, wenn die Karte wieder verdeckt ausgelegt werden muss).

Varianten:
- Die Spieler dirigieren den Mitspieler verbal durch Zurufe.

Nr. 26	Sammelspiel mit Unruhestiftern	9	★
Trainingsinhalte:	Orientierung		
Benötigt:	4 Reifen in verschiedenen Farben, 3 weitere Reifen, Gegenstände in vier Farben (z. Bsp. Bauklötze / Legosteine), 3 Leibchen		

Aufbau:

- Vier verschieden farbige Reifen in den vier Ecken des Spielfelds auslegen.
- In der Mitte ein Depot aus Reifen bilden.
- Gegenstände im Depot auslegen (im Beispiel farbige Bauklötze), die über die Farbe den vier Reifen zugeordnet werden können.

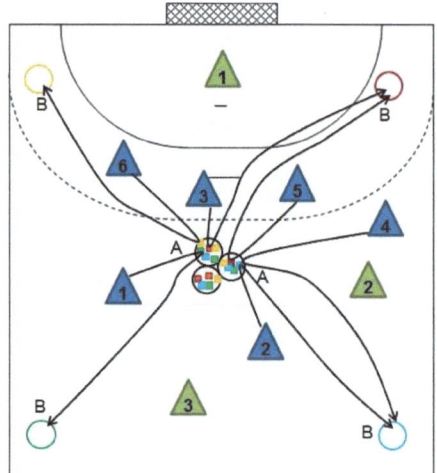

(Bild 1)

Ablauf:

- Die Spieler sind Sammler, drei Spieler werden mit Leibchen als „Unruhestifter" markiert.
- Auf Kommando starten die Sammler, holen die Gegenstände aus dem Depot (A) und bringen sie zu den entsprechenden Reifen (B). Jeder Spieler darf immer nur einen Gegenstand tragen.
- Danach holen die Sammler die nächsten Gegenstände (C), usw.
- Die Unruhestifter starten, wenn die ersten Gegenstände in den Reifen liegen. Sie nehmen Gegenstände aus den Reifen und legen sie in den falschen Reifen ab (D). Sie dürfen dabei immer nur jeweils einen Gegenstand mitnehmen.
- Die Sammler können dann auch Gegenstände, die falsch liegen, aus den Zielreifen nehmen und wieder in die richtigen Reifen bringen (E).

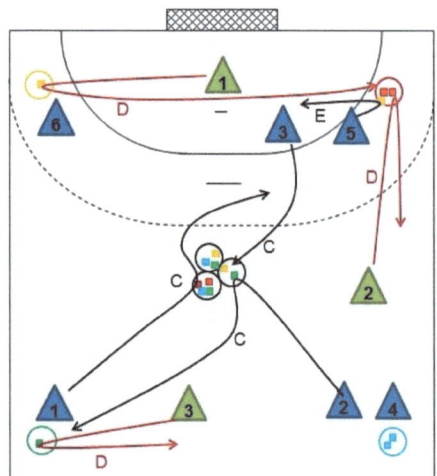

(Bild 2)

- Nach 2-3 Minuten pfeift der Trainer erneut und es wird gezählt, wie viele Gegenstände richtig zugeordnet sind.
- Dann startet die nächste Runde mit neuen Unruhestiftern.
- Welche Sammlergruppe hat die meisten Gegenstände richtig sortiert?

Handball Praxis Mini 2 – Koordinatives Training in
Spielformen und Bewegungslandschaften
30 Spielformen und 5 komplette Bewegungslandschaften

handball-uebungen.de
Trainingseinheiten und Übungen für Ihr Training!

Nr. 27	Hütchen abwerfen	10	★★
Trainingsinhalte:	Orientierung, Differenzierung, Bälle blocken/abfangen, Werfen		
Benötigt:	2 Ballkisten mit unterschiedlichen Bällen (Softbälle, Handbälle), 16 Hütchen		

Aufbau:

- Es werden zwei Mannschaften gebildet.
- Pro Mannschaft wird jeweils eine Reihe von Hütchen auf der hinteren Feldgrenze aufgestellt (s. Bild).
- Eine Linie definieren, die das Feld in zwei Hälften teilt.
- Zwei Ballkisten mit Bällen seitlich außerhalb des Feldes für beide Mannschaften aufstellen.

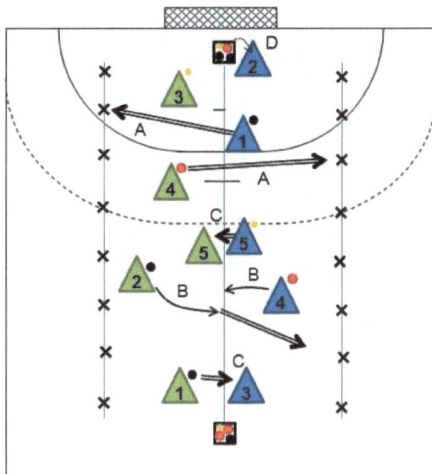

Ablauf:

- In jeder Feldhälfte steht eine Mannschaft.
- Ziel der Mannschaften ist es, so viele Hütchen wie möglich auf der hinteren Feldlinie der anderen Mannschaft abzuwerfen.
- Jeder Spieler jeder Mannschaft darf versuchen, mit einem Wurf ein Ziel zu treffen (A), dabei dürfen die Spieler innerhalb des eigenen Feldes laufen und sich eine gute Wurfposition wählen (B). Die Mittellinie darf dabei nicht übertreten werden.
- Spieler dürfen aber auch den Wurf eines Gegenspielers verhindern, indem sie versuchen, den Ball abzublocken oder den Wurf zum Ziel zuzustellen (C). Zudem dürfen Bälle im eigenen Feld abgefangen werden.
- Nach dem Wurf dürfen Spieler herumliegende Bälle für den nächsten Wurf aufsammeln oder Bälle aus der Ballkiste holen (D).
- Welche Mannschaft schafft es zuerst, alle Hütchen zu treffen (bzw. trifft in der gegebenen Zeit die meisten Hütchen)?

⚠ Die Mannschaften dürfen sich absprechen, wie viele Spieler blocken, und wie viele werfen oder, ob jeder Spieler das selbst entscheidet.

⚠ Jeder Spieler darf immer nur einen Ball gleichzeitig in der Hand haben.

Handball Praxis Mini 2 – Koordinatives Training in
Spielformen und Bewegungslandschaften
30 Spielformen und 5 komplette Bewegungslandschaften

handball-uebungen.de
Trainingseinheiten und Übungen für Ihr Training!

Nr. 28	Balltransport	10	★★
Trainingsinhalte:	Orientierung, Differenzierung, Ballhandling		
Benötigt:	4 kleine Turnmatten, 7 Stangen, unterschiedliche Bälle (Softbälle, Handbälle, Tennisbälle), Hockeyschläger oder Gymnastikstäbe		

Aufbau:
- Es werden zwei Mannschaften gebildet, jeder Spieler bekommt einen Hockeyschläger (alternativ einen Gymnastikstab).
- Pro Mannschaft werden zwei dünne Turnmatten ausgelegt und die gleiche Anzahl von Bällen wird jeweils auf den Matten ausgelegt.
- Die Stangen werden als Hindernisse im Feld verteilt.

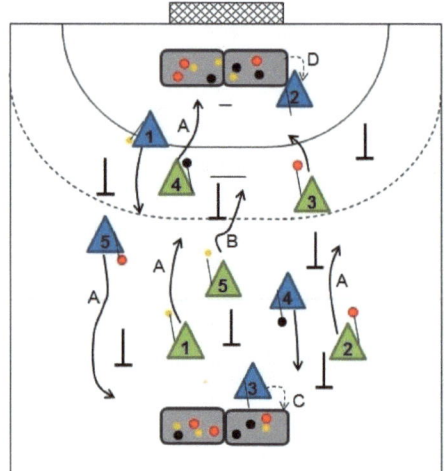

Ablauf:
- Auf Pfiff des Trainers starten beide Mannschaften gleichzeitig.
- Jeder Spieler holt sich einen Ball von der eigenen Matte und treibt diesen mit dem Hockeyschläger oder dem Gymnasikstab auf die andere Seite (A). Dabei müssen die Spieler den Stangen und den entgegenkommenden Spielern ausweichen (B).
- Die Spieler legen den Ball (mit der Hand) auf der gegnerischen Matte ab (C), laufen zurück und holen sich den nächsten Ball von der eigenen Matte (D).
- Nach einigen Minuten pfeift der Trainer erneut. Die Mannschaft, die nach dem Pfiff weniger Bälle auf der eigenen Matte liegen hat, gewinnt einen Punkt.
- Welche Mannschaft hat nach mehreren Spielrunden die meisten Punkte?

⚠ Jeder Spieler darf immer nur einen Ball gleichzeitig bewegen. Ein Abspielen der Bälle ist nicht erlaubt.

Varianten:
- Es werden keine Stangen als Hindernisse aufgestellt -> das Spiel wird einfacher.
- Die Spieler rollen die Bälle mit der Hand -> das Spiel wird deutlich einfacher.
- Die Spieler prellen die Bälle.
- Die Spieler bewegen die Bälle mit dem Fuß.

Handball Praxis Mini 2 – Koordinatives Training in
Spielformen und Bewegungslandschaften
30 Spielformen und 5 komplette Bewegungslandschaften

handball-uebungen.de
Trainingseinheiten und Übungen für Ihr Training!

Nr. 29	Spiel auf Weichbodenmatten	8	★★★
Trainingsinhalte:	Orientierung, Gleichgewicht, Passen, Fangen, Werfen, Spiel gegeneinander		
Benötigt:	6 kleine Turnkisten, 2 Weichbodenmatten, Tape, ein Ball		

Aufbau:

- Zwei Weichbodenmatten werden als Ziele senkrecht aufgestellt. Mit Tape werden die Trefferflächen (Bild 2) abgetrennt und Punktzahlen zugeordnet.
- Zwei Mannschaften bilden, für jede Mannschaft drei kleine Turnkisten als Abwurfstationen aufbauen (Bild 1).

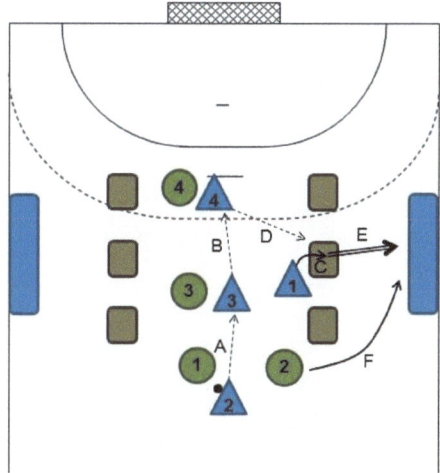

(Bild 1)

Ablauf:

- Die beiden Mannschaften spielen gegeneinander. Dabei versucht die Mannschaft in Ballbesitz, durch schnelle Pässe (A und B),
einen Spieler anzuspielen (D), der auf einer der kleinen Turnkisten steht (C).
- Gelingt ein Anspiel, wirft der Spieler von der kleinen Turnkiste auf die Weichbodenmatte (E).
- Gelingt es, die Weichbodenmatte zu treffen, bekommt die Mannschaft die
der Trefferfläche zugeordnete Punktzahl.
- Dann sichert die Abwehr den Ball (F) und versucht, auf der anderen Seite ebenfalls zum Wurf zu kommen.
- Welches Team erzielt mehr Punkte?

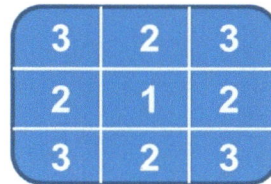

(Bild 2)

⚠ Die Spieler auf dem Kasten dürfen nicht vom Kasten gestoßen werden. Der Wurf auf die Weichbodenmatte darf, nachdem der Pass beim Spieler auf dem Kasten angekommen ist, nicht mehr behindert oder abgefangen werden.

Variante:

- Spiel mit einem Catchball, einem Softball, einem Unball.

Handball Praxis Mini 2 – Koordinatives Training in
Spielformen und Bewegungslandschaften
30 Spielformen und 5 komplette Bewegungslandschaften

handball-uebungen.de
Trainingseinheiten und Übungen für Ihr Training!

Nr. 30	Brennball mit Lauf- und Passaufgabe	12	★★★
Trainingsinhalte:	Orientierung, Differenzierung, Rhythmus, Passen und Fangen		
Benötigt:	9 Reifen in 2 Farben, 2 kleine Turnkisten, 3 Turnmatten, 13 Hütchen, eine leere Ballkiste und eine Ballkiste mit verschiedenen Bällen (Softball, Tennisball, Handball, Unball, Catchball, Kirschkernsäckchen o.ä.)		

Aufbau:

- Mit zwei Hütchen die Startposition markieren.
- Um das Feld herum einen Parcours aus Reifen, kleinen Turnkisten, Turnmatten und Hütchen wie im Bild aufbauen.
- Zwei weitere Hütchen markieren das Ziel.
- Im Feld mit Hütchen die Positionen im Kreis markieren, eine Ballkiste mit verschiedenen Bällen füllen, eine leere Ballkiste vor dem Feld aufstellen.

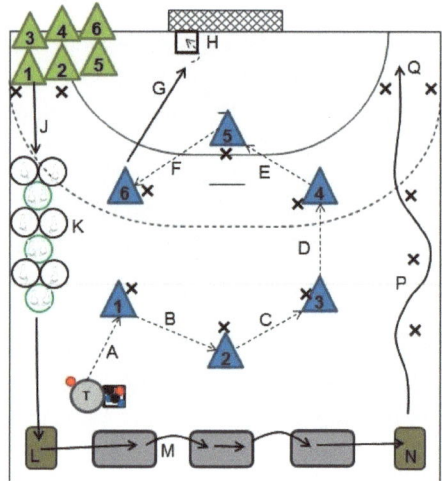

Gesamtablauf:

- Es werden zwei Mannschaften gebildet, die erste Mannschaft beginnt als Passteam, die zweite beginnt als Läuferteam.
- Es wird ein gesamter Ablauf mit allen verfügbaren Bällen gespielt, während diesem aber nur das Läuferteam Punkte sammelt.
- Sind alle Bälle gespielt, wechseln die Aufgaben und das andere Team kann jetzt als Läuferteam Punkte sammeln, bis wieder alle Bälle gespielt sind.
- Welches Team hat am Ende die meisten Punkte gesammelt?

Einzelablauf:

- Der Trainer ruft als Kommando „Los". Gleichzeitig passt er einen Ball zu ▲1 (A).
  - ▲1 passt jetzt zu (B) ▲2, ▲2 zu ▲3 (C), ▲3 zu ▲4 (D), ▲4 zu ▲5 (E) und ▲5 zu ▲6 (F). ▲6 nimmt den Ball, läuft zur leeren Ballkiste (G) und legt den Ball hinein (H). Gleichzeitig ruft ▲6 „Halt".

Handball Praxis Mini 2 – Koordinatives Training in
Spielformen und Bewegungslandschaften
30 Spielformen und 5 komplette Bewegungslandschaften

handball-uebungen.de
Trainingseinheiten und Übungen für Ihr Training!

- o Beim Kommando „Los" des Trainers startet **1** (J). Er durchspringt die Reifenbahn mit je einem Kontakt in den schwarzen und einem Doppelkontakt in den grünen Reifen (K) und läuft dann über die kleine Turnkiste (L). Dann läuft **1** auf die erste Matte, springt von Matte zu Matte (M) und macht jeweils auf der Matte einen Zwischensprung, läuft über die zweite Kiste (N), umläuft dann im Slalom die Hütchen (P) und über die Ziellinie (Q).
- o **1** darf nur so lange laufen, bis **6** „Halt" ruft. Schafft er es über die Ziellinie, bekommt er einen Punkt. Wird er unterwegs vom Kommando „Halt" erwischt, muss er ohne Punkt zurück. **1** kann aber auch auf einer der kleinen Turnkisten halten, wenn er meint, dass die Zeit nicht mehr reicht. Dann wartet **1** auf den nächsten Ball, kann dann die Runde beenden und so noch einen Punkt sammeln.
- Nach dem Kommando „Halt", wechseln alle Passspieler gegen den Uhrzeigersinn eine Position weiter. Dann gibt der Trainer das nächste Kommando und passt den nächsten Ball.

⚠ Das Passteam soll genau passen und sich dabei immer wieder auf die neuen Bälle einstellen.

⚠ Die Läufer sollen die Übungen sauber ausführen und an den kleinen Kisten jeweils abschätzen, ob ihnen noch Zeit für die nächste Aufgabe bleibt.

Variante:
- Der Trainer passt jeden Ball in einer anderen Passvariante (Bodenpass, Pass mit beiden Händen über Kopf, Druckpass, Pass im Sprung), die Spieler kopieren jeweils die Passvariante.

Handball Praxis Mini 2 – Koordinatives Training in
Spielformen und Bewegungslandschaften
30 Spielformen und 5 komplette Bewegungslandschaften

handball-uebungen.de
Trainingseinheiten und Übungen für Ihr Training!

Kategorie: Bewegungslandschaften

Nr. B1	Bälle rollen und passen im Kontinuum	8	⭐
Trainingsinhalte:	Orientierung, Differenzierung, Reaktion, Ball rollen, passen, aufnehmen, fangen		
Benötigt:	4 (8) kleine Turnkisten, 4 kleine Turnmatten, 1 großer Turnkasten, 2 Turnbänke, 1 Turnreifen, 3 Hütchen, Bälle		

Aufbau (s. Bild 1):

- Zwei Hütchen als Start aufstellen.
- Zweimal hintereinander einen Tunnel mit einer dünnen Turnmatte zwischen zwei kleinen Turnkisten aufstellen.
- Zwei Turnbänke mit 1-2cm Abstand zueinander von einem großen Turnkasten zum Boden führen (s. Bild 2).
- Einen Turnreifen auslegen.
- Zwei Turnmatten parallel nebeneinander legen.
- Mit einem Hütchen die Wendemarke markieren.

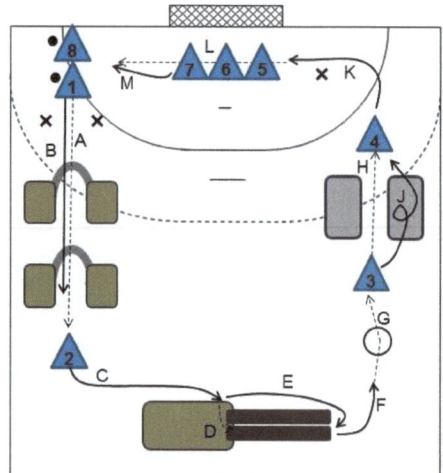

(Bild 1)

Ablauf:

- Die Spieler stellen sich in der Ausgangsstellung auf wie in Bild1 dargestellt.

- 1 rollt den Ball durch die beiden Mattentunnel (A) und krabbelt selbst hinterher (B). Der Spieler darf den Ball dabei auch mehrmals anstoßen (Bild 3).

(Bild 2)

- Am Ende der beiden Mattentunnel nimmt 2 den Ball auf und läuft zum großen Turnkasten (C).

2 legt den Ball in die Rille zwischen den beiden Bänken (D) und lässt den Ball zwischen den Bänken nach unten rollen (Bild 4).

2 läuft entlang der Bänke (E) und nimmt den Ball am Ende wieder auf (Bild 5).

(Bild 3)

Handball Praxis Mini 2 – Koordinatives Training in
Spielformen und Bewegungslandschaften
30 Spielformen und 5 komplette Bewegungslandschaften

handball-uebungen.de
Trainingseinheiten und Übungen für Ihr Training!

- △2 läuft zum Turnreifen (F) und passt den Ball im Bodenpass durch den Turnreifen zu △3 (G).

- △3 rollt den Ball durch die Gasse zwischen den beiden Turnmatten zu △4 (H), macht einen Rolle auf der Matte (J) und stellt sich auf die Position von △4.

- △4 umläuft das Hütchen (K).

- △5, △6 und △7 stehen mit gegrätschten Beinen hintereinander.

- △4 rollt den Ball durch die gegrätschten Beine (L), △7 läuft dem Ball hinterher und nimmt ihn auf (M).

- △4 stellt sich zu △5 und △6 in die Reihe und △7 stellt sich mit Ball hinter △8 an.

- △8 startet den nächsten Durchgang, wenn △1 die Position von △2 angenommen hat.

(Bild 4)

(Bild 5)

⚠ Die Spieler sollen das Rollen und auch die Bewegungsaufgaben mit hoher Konzentration ausführen und die Geschwindigkeit erst steigern, wenn sie die Aufgabe sicher beherrschen.

⚠ Die Übungen können mit Handbällen, Volleybällen oder Softbällen ausgeführt werden, je nach dem Leistungsvermögen der Spieler.

⚠ Bei jüngeren Spielern die Höhe des großen Turnkastens reduzieren, so dass jeder Spieler den Ball auflegen kann. Durch die geringere Höhe verringert sich auch die Geschwindigkeit des Balls beim Rollen.

Nr. B2	Bewegungsparcours ohne Ball	6	☆
Trainingsinhalte:	Gleichgewicht, vielfältige Bewegungserfahrung		
Benötigt:	3 Turnreifen, 1 Barren, 6-8 Seile, 2(4) kleine Turnkisten, 4 kleine Turnmatten, 1 Weichbodenmatte, 1 Turnbank, bunte Papierstreifen, Klebestreifen		

Aufbau:

- Eine Reifenpyramide aus vier Reifen aufbauen (Bild 4).
- Einen Barren aufstellen, Seile an den beiden Holmen festbinden, mit Matten sichern (Bild 2).
- Eine dünne Matte zwischen kleinen Kisten einklemmen, so dass ein Tunnel entsteht (Bild 3).
- Vor dem Mattentunnel eine kleine Turnmatte auslegen.
- Eine Weichbodenmatte vor einer Sprossenwand auslegen und eine Turnbank in gewünschter Höhe in der Sprossenwand einhängen (Bild 3).
- Farbige Papierstreifen an der Sprossenwand mit Tesafilm festkleben.
- Die Spieler stellen sich vor der Reifenpyramide auf.

Aufbau der Reifenpyramide (Bild 4):

- Zunächst wird ein Reifen auf dem Boden ausgelegt. Dann werden zwei weitere Reifen nach oben angehoben und der dritte Reifen so eingepasst, dass jeder Reifen auf einem anderen aufliegt und so die drei Reifen mit leichter Neigung stehen bleiben.

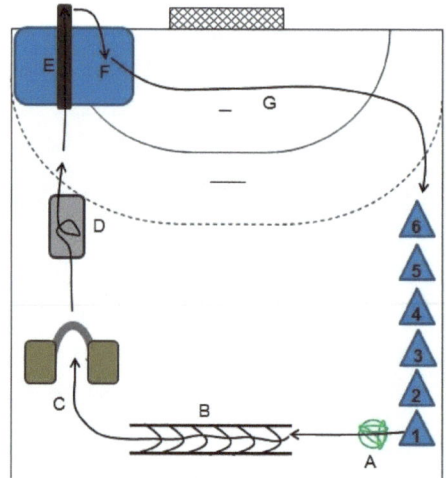

(Bild 1)

(Bild 2)

(Bild 3)

Ablauf:

- ▲1 durchkriecht die Reifenpyramide (A) und versucht dabei, die Reifen nicht zu berühren, so dass die Pyramide stehen bleibt (Bild 5).

- Dann balanciert ▲1 über die am Barren gespannten Seile (B / Bild 6).

(Bild 4)

(Bild 5)

(Bild 6)

- ▲2 startet, wenn ▲1 den Barren verlässt.

- ▲1 durchkriecht den Mattentunnel (C), macht einen Purzelbaum oder eine Baumstammrolle auf der kleinen Turnmatte (D) und klettert dann die Bank nach oben (E), holt sich oben einen der dort aufgehängten farbigen Streifen (Bild 7), klettert an der Sprossenwand herunter (oder springt von der Bank) (F) und stellt sich wieder an.

(Bild 7)

- Die weiteren Spieler führen den Ablauf genauso durch. Jeder Spieler absolviert 3-5 Durchgänge.
- Können die Spieler alle Farbstreifen von der Sprossenwand abnehmen?

Handball Praxis Mini 2 – Koordinatives Training in
Spielformen und Bewegungslandschaften
30 Spielformen und 5 komplette Bewegungslandschaften

handball-uebungen.de
Trainingseinheiten und Übungen für Ihr Training!

Nr. B3	Balancieren mit Geräten	6	★★
Trainingsinhalte:	Gleichgewicht, Differenzierung		
Benötigt:	2 Turnbänke, 2 große Turnkästen, 5 kleine Turnkisten, 4 Turnmatten, 2 Hütchen, Tennisbälle, Joghurtbecher, Luftballons, Trinkbecher		

Aufbau (Bild 1+2):

- Eine Bank als schiefe Ebene zwischen zwei unterschiedlich hohen großen Turnkästen auflegen, eine kleine Turnkiste vor dem großen Turnkasten als Aufstiegshilfe aufstellen und mit Turnmatten sichern.
- Zwischen zwei kleinen Turnkisten eine Bank umgedreht auflegen, zwei Hütchen darauf stellen und mit Turnmatten sichern.
- Auf einer kleinen Turnkiste werden Luftballons, Tennisbälle in Joghurtbechern und Stapel aus Trinkbechern ausgelegt.
- Eine umgedrehte kleine Turnkiste nach der zweiten Bank aufstellen.

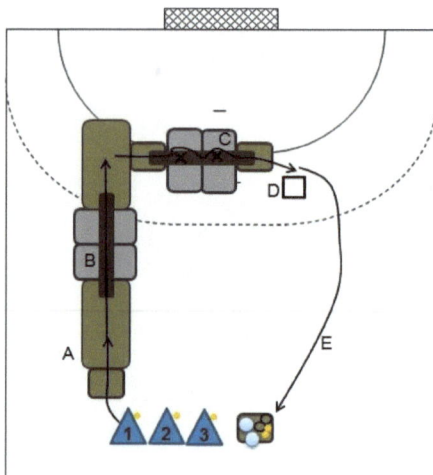

(Bild 1)

(Bild 2)

Ablauf erster Durchgang:

- 1️⃣ startet, zunächst ohne Gerät in den Händen. Er steigt mit Hilfe der kleinen Turnkiste auf den großen Turnkasten (A).
- 1️⃣ balanciert im Anschluss über die schiefe Ebene bis zum anderen, niedrigeren Turnkasten (B / Bild 3).
- Dann steigt 1️⃣ auf die nächste kleine Turnkiste und balanciert (C) über die umgedrehte Bank, wobei er über die Hütchen steigt.

(Bild 3)

- Dann läuft 1️⃣ zurück und stellt sich wieder an.
- Die anderen Spieler absolvieren den Ablauf auch jeweils einmal, ohne ein Gerät. 2️⃣ startet, wenn 1️⃣ auf die zweite Bank steigt.

Handball Praxis Mini 2 – Koordinatives Training in
Spielformen und Bewegungslandschaften
30 Spielformen und 5 komplette Bewegungslandschaften

handball-uebungen.de
Trainingseinheiten und Übungen für Ihr Training!

Ablauf weiterer Durchgänge:

- In den nächsten Duchgängen halten die Spieler beim Balancieren verschiedene Geräte in den Händen, die sie sich selbst vom kleinen Kasten aussuchen:
    - o Tennisbälle, die auf einem Joghurtbecher liegen.
    - o Zwei Trinkbecher, die gegengleich aufeinander gestapelt sind (Bild 5)
    - o Die Spieler haben einen Luftballon, den sie nicht festhalten, sondern immer leicht anstossen (das ist, vor allem auf der zweiten Bank beim Übersteigen der Hütchen, eine schwierige Aufgabe) (Bild 4).

(Bild 4)

(Bild 5)

- Hat ein Spieler den Parcours erfolgreich absolviert, darf er das Gerät in der leeren Turnkiste ablegen.
- Die Spieler holen sich dann ein neues Gerät und starten den Ablauf erneut.
- Wer schafft den Ablauf mit allen drei Geräten?

⚠ Die Spieler sollen den Ablauf zunächst mit den etwas leichteren Geräten beherrschen, bevor sie zur schwierigeren Aufgabe übergehen.

Handball Praxis Mini 2 – Koordinatives Training in
Spielformen und Bewegungslandschaften
30 Spielformen und 5 komplette Bewegungslandschaften

handball-uebungen.de
Trainingseinheiten und Übungen für Ihr Training!

Nr. B4	Balancieren mit Ball	6	★★★
Trainingsinhalte:	Gleichgewicht, Rhythmus, Prellen, Zielwerfen		
Benötigt:	1 großer Turnkasten, 6 Turnmatten, 6 Turnreifen in zwei verschiedenen Farben, 6 Hütchen, 1 Barren, 6-8 Seile, 2 Turnbänke, 1 Ballkiste mit Bällen, 3 kleine Turnkisten		

Aufbau:

- Ein Zwischenteil eines großen Kastens auslegen und den Deckel des Kastens dahinter legen. Eine Turnmatte in ca. 1-2 Meter Abstand auslegen (je nach Leistungsvermögen der Spieler) (Bild 1).
- Zwei unterschiedlich farbige Turnreifen mit etwas Abstand auslegen (siehe Bild 4).
- Eine Turnbank umgedreht aufstellen und vier Hütchen darauf stellen (Bild 2).
- Vier Reifen in zwei unterschiedlichen Farben abwechselnd auslegen (siehe Bild 4).
- Seile zwischen den Holmen eines Barrens festbinden, eine Turnbank auf die Seile stellen (die Sitzfläche nach oben), unter dem Barren mit Turnmatten sichern (Bild 3).
- Mit zwei Hütchen eine Abwurflinie markieren und drei umgedrehte kleine Turnkisten als Ziele aufstellen (siehe Bild 4).

(Bild 1)

(Bild 2)

(Bild 3)

Ablauf:

- 🔺1 startet, mit Ball. Er balanciert auf den dünnen Seiten des Kastenzwischenteils, den Ball hält er dabei in beiden Händen (A).
- Dann springt 🔺1 mit Ball in den Händen vom Kastendeckel auf die dünnen Turnmatten (B).

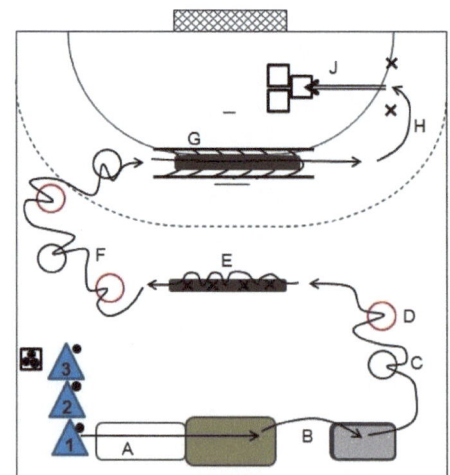
(Bild 4)

Handball Praxis Mini 2 – Koordinatives Training in
Spielformen und Bewegungslandschaften
30 Spielformen und 5 komplette Bewegungslandschaften

handball-uebungen.de
Trainingseinheiten und Übungen für Ihr Training!

- ![1] prellt zu den Reifen und prellt mit links in den schwarzen und mit rechts in den roten Reifen (C und D).

- ![2] startet, wenn ![1] bei den Reifen angekommen ist.

- ![1] balanciert über die umgedrehte Bank und übersteigt die Hütchen. Der Ball wird beim Übersteigen über Kopf von einer Hand in die andere Hand fortlaufend übergeben (E) (Bild 5).

(Bild 5)

- Bei den nächsten vier Reifen wird wieder geprellt, dabei prellen die Spieler in jeden schwarzen Reifen einmal mit links, in jeden roten Reifen einmal mit rechts (F).

- Dann steigen die Spieler auf die in den Seilen liegende Bank und balancieren prellend über die bewegliche Unterlage (G) (Bild 6).

- Am Ende prellen die Spieler bis zu den beiden Hütchen (H) und versuchen, den Ball in eine der kleinen Turnkisten zu werfen (J).

- Bleibt der Ball in einer Kiste liegen, stellen die Spieler sich mit einem Ball aus der Ballkiste wieder an, wird die Turnkiste nicht getroffen, nimmt der Spieler den Ball in den nächsten Durchgang mit.

(Bild 6)

- Schaffen es die Spieler gemeinsam, alle Bälle in den vorgegebenen Durchgängen in eine der kleinen Turnkisten zu werfen (in der vorgegebenen Zeit)?

⚠ Die Spieler sollen den Ablauf sauber ausführen und erst nach und nach das Tempo steigern.

Handball Praxis Mini 2 – Koordinatives Training in
Spielformen und Bewegungslandschaften
30 Spielformen und 5 komplette Bewegungslandschaften

handball-uebungen.de
Trainingseinheiten und Übungen für Ihr Training!

Nr. B5	Klettern, Kraft und Springen	6	★★★
Trainingsinhalte:	Orientierung, Gleichgewicht, Kraft , Springen und Fangen		
Benötigt:	1 großer Turnkasten, 1 Weichbodenmatte, 4 kleine Turnmatten, 5 kleine Turnkisten, 2 Turnbänke, 6 Hütchen, ev. 1 Teppichflies, Ballkiste mit Bällen		

Aufbau (Bild 1+2):

- Eine Bank umgedreht auf zwei kleine Turnkisten legen und mit zwei kleinen Turnmatten sichern.
- Vor den Matten ein Zwischenteil eines großen Turnkastens auf zwei kleine Turnkisten legen.
- Mit Hütchen eine Abwurflinie markieren und einen oben offenen großen Turnkasten an die Wand stellen.
- Vier Hütchen für einen Slalom in einer Reihe aufstellen.
- Eine Turnbank aufstellen, eventuell ein Teppichflies auf die Bank legen.
- Hinter einen großen Turnkasten zwei kleine Turnmatten, eine Weichbodenmatte legen und eine kleine Turnkiste als Aufstiegshilfe bereitstellen.

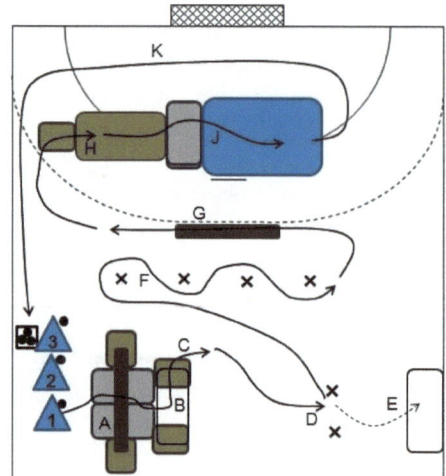

(Bild 1)

(Bild 2)

Ablauf:

- 1 startet, mit einem Ball aus der Ballkiste und klettert durch die auf den kleinen Turnkisten aufliegende Bank (A / Bild3).
- Danach klettert 1 von unten durch das Kastenteil nach oben heraus (B) und verlässt das Teil über die kleine Turnkiste (C / Bild 4+5).
- 1 läuft zur Abwurflinie (D) und versucht, den Ball in den großen Turnkasten zu werfen (entweder direkt oder per Bodenpass (E).

(Bild 3)

(Bild 4)

(Bild 5)

Handball Praxis Mini 2 – Koordinatives Training in
Spielformen und Bewegungslandschaften
30 Spielformen und 5 komplette Bewegungslandschaften

handball-uebungen.de
Trainingseinheiten und Übungen für Ihr Training!

- 🔼**1** läuft ohne Ball zu den Hütchen und durchläuft die Hütchen (F) im Spinnengang (Bild 6).
- Danach läuft 🔼**1** zur Turnbank und zieht sich (G) über die Bank.

⚠️ Mit einem Teppichflies rutscht es besser.

(Bild 6)

- 🔼**1** steigt über die kleine Turnkiste auf den großen Turnkasten (H) und springt über den Mattengraben (J) (Bild 7) auf die Weichbodenmatte (🔼**1** soll nicht auf den Füßen landen).
- 🔼**1** läuft zurück und stellt sich wieder an (K).
- 🔼**2** startet, wenn 🔼**1** bei den Reifen angekommen ist.

(Bild 7)

Variante:
- Beim Sprung wird der Mattengraben entfernt. Die Spieler fangen beim Springen einen Ball (Bild 8).

(Bild 8)

⚠️ Die Spieler sollen den Ablauf zu
Beginn langsam ausführen und erst nach und nach das Tempo steigern.

Handball Praxis Mini 2 – Koordinatives Training in
Spielformen und Bewegungslandschaften
30 Spielformen und 5 komplette Bewegungslandschaften

handball-uebungen.de
Trainingseinheiten und Übungen für Ihr Training!

Über den Autor

JÖRG MADINGER, geboren 1970 in Heidelberg

Juli 2014 (Weiterbildung): 3-tägiger DHB Trainerworkshop
"Grundbausteine Torwartschule"
Referenden: Michael Neuhaus, Renate Schubert, Marco Stange,
Norbert Potthoff, Olaf Gritz, Andreas Thiel, Henning Fritz

**Mai 2014 (Weiterbildung): 3-tägige DHTV/DHB
Trainerfortbildung** im Rahmen des VELUX EHF FinalFour
Referenden: Jochen Beppler (DHB Trainer), Christian vom Dorff
(DHB Schiri), Mark Dragunski (Trainer TuSeM Essen), Klaus-Dieter
Petersen (DHB Trainer), Manolo Cadenas (Nationaltrainer Spanien)

Mai 2013 (Weiterbildung): 3-tägige DHTV/DHB Trainerfortbildung im Rahmen des
VELUX EHF FinalFour
Referenden: Prof. Dr. Carmen Borggrefe (Uni Stuttgart), Klaus-Dieter Petersen (DHB
Trainer), Dr. Georg Froese (Sportpsychologe), Jochen Beppler (DHB Stützpunkttrainer),
Carsten Alisch (Nachwuchstrainer Hockey)

seit Juli 2012: Inhaber der DHB A-Lizenz

seit Februar 2011: Vereinsschulungen, Coaching im Trainings- und Wettkampfbetrieb

November 2011: Gründung Handball Fachverlag (handall-uebungen.de, Handball Praxis
und Handball Praxis Spezial)

Mai 2009: Gründung der Handball-Plattform handball-uebungen.de

2008-2010: Jugendkoordinator und Jugendtrainer bei der SG Leutershausen

seit 2006: B-Lizenz Trainer

Anmerkung des Autors
1995 überredete mich ein Freund, mit ihm zusammen das Handballtraining einer
männlichen D- Jugend zu übernehmen.

Dies war der Beginn meiner Trainertätigkeit. Daraufhin fand ich Gefallen an den Aufgaben
eines Trainers und stellte stets hohe Anforderungen an die Art meiner Übungen. Bald
reichte mir das Standardrepertoire nicht mehr aus und ich begann, Übungen zu modifizieren
und mir eigene Übungen zu überlegen.

Heute trainiere ich mehrere Jugend- und Aktivmannschaften in einem breit gefächerten
Leistungsspektrum und richte meine Trainingseinheiten gezielt auf die jeweilige Mannschaft
aus.

Seit einigen Jahren vertreibe ich die Übungen über meinen Onlineshop handball-
uebungen.de. Da die Tendenz im Handballtraining, vor allem im Jugendbereich, immer
mehr in Richtung einer allgemeinen sportlichen Ausbildung mit koordinativen
Schwerpunkten geht, eignen sich viele Spiele und Spielformen auch für andere Sportarten.

Lassen Sie sich inspirieren von den verschiedenen Spielideen und bringen Sie auch Ihre
eigene Kreativität und Erfahrung ein!

Ihr

Jörg Madinger

Handball Praxis Mini 2 – Koordinatives Training in
Spielformen und Bewegungslandschaften
30 Spielformen und 5 komplette Bewegungslandschaften

handball-uebungen.de
Trainingseinheiten und Übungen für Ihr Training!

Weitere Fachbücher des Verlags DV Concept für die jungen Handballer

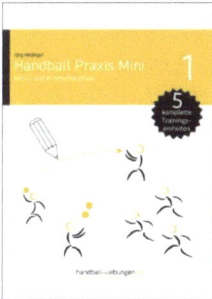

Mini- und Kinderhandball (5 Trainingseinheiten)

Mini- bzw. Kinderhandball unterscheidet sich grundlegend vom Training höherer Altersklassen und erst recht vom Handball in Leistungsbereichen. Bei diesem ersten Kontakt mit der Sportart „Handball" sollen die Kinder an den Umgang mit dem Ball herangeführt werden. Es soll der Spaß an der Bewegung, am Sport treiben, am Spiel miteinander und auch am Wettkampf gegeneinander vermittelt werden.

Das vorliegende Buch führt zunächst kurz in das Thema und die Besonderheiten des Mini- und Kinderhandballs ein und zeigt dabei an einigen Beispielübungen Möglichkeiten auf, das Training interessant und abwechslungsreich zu gestalten.

Im Anschluss folgen fünf komplette Trainingseinheiten in verschiedenen Schwierigkeitsgraden mit Hauptaugenmerk auf den Grundtechniken im Handball (Prellen, Passen, Fangen, Werfen, und Abwehren im Spiel gegeneinander). Hier wird spielerisch in die späteren handballspezifischen Grundlagen eingeführt, wobei auch die generelle Bewegungserfahrung und die Ausprägung von koordinativen Fähigkeiten besondere Beachtung findet.

Die Übungen sind leicht verständlich durch Text und Übungsbild erklärt und können in jedes Training direkt integriert werden. Durch verschiedene Variationen können die Trainingseinheiten im Schwierigkeitsgrad an die jeweilige Trainingsgruppe angepasst werden. Sie sollen auch Ideen bieten, die Übungen zu modifizieren und weiterzuentwickeln, um das Training immer wieder neu und abwechslungsreich zu gestalten.

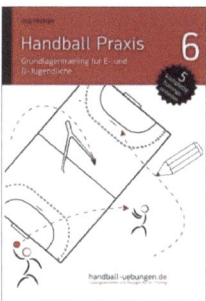

Handball Praxis 6 - Grundlagentraining für E- und D-Jugendliche (5 Trainingseinheiten)

Die vorliegenden Trainingseinheiten erarbeiten Grundlagen für den E- und D- Jugendbereich. Die Anforderungen können aber auch einfach an höhere Altersklassen angepasst und für diese angewendet werden. Schritt für Schritt werden die einzelnen Themen innerhalb einer Trainingseinheit vom Einfachen zum Komplexen altersspezifisch erarbeitet. Ein großer Fokus liegt auf dem Erlernen der handballspezifischen Grundlagen durch gezielte Übungen und spielerische Elemente.

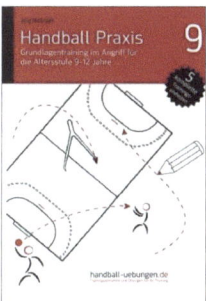

Handball Praxis 9 - Grundlagentraining im Angriff für die Altersstufe 9-12 Jahre (5 Trainingseinheiten)

Das Training der handballerischen Grundlagen im E- und D-Jugendalter ist der Schwerpunkt dieser im Buch enthaltenen fünf Trainingseinheiten. Die Themen Passsicherheit, Wurfbewegung, Prelltechnik, das Freilaufen in der Manndeckung und Passtäuschungen werden mit je einer Trainingseinheit behandelt. Schritt für Schritt werden die einzelnen Themen methodisch vom Einfachen bis hin zum komplexeren Ablauf erweitert. Durch eigenes Intensivieren der Übungen kann die Komplexität erweitert und dem Leistungsniveau der eigenen Mannschaft angepasst werden.

Handball Praxis Mini 2 – Koordinatives Training in
Spielformen und Bewegungslandschaften
30 Spielformen und 5 komplette Bewegungslandschaften

handball-uebungen.de
Trainingseinheiten und Übungen für Ihr Training!

Weitere Fachbücher des Verlags DV Concept auch für ältere Handballer

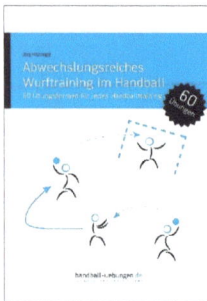

Methodisch ausgearbeitete Trainingseinheiten aus der Taschenbuchreihe Handball Praxis

Handball Praxis 1 – Handballspezifische Ausdauer

Handball Praxis 2 – Grundbewegungen in der Abwehr

Handball Praxis 3 – Erarbeiten von Auslösehandlungen und Weiterspielmöglichkeiten

Handball Praxis 4 – Intensives Abwehrtraining im Handball

Handball Praxis 5 – Abwehrsysteme erfolgreich überwinden

Handball Praxis 7 – Handballspezifisches Ausdauertraining im Stadion und in der Halle

Handball Praxis 8 – Spielfähigkeit durch Training der Handlungsschnelligkeit

Handball Praxis 10 – Moderner Tempohandball: Schnelles Umschalten in die 1. und 2. Welle

Handball Praxis Spezial 1 – Schritt für Schritt zur 3-2-1 Abwehr

Handball Praxis Spezial 2 – Schritt für Schritt zum erfolgreichen Angriffskonzept gegen eine 6-0 Abwehr

Weitere Handball Fachbücher und eBooks unter: www.handball-uebungen.de

www.ingramcontent.com/pod-product-compliance
Lightning Source LLC
Chambersburg PA
CBHW042131080426
42735CB00001B/41